Eva Berner-Klemt

Eine Frage der Präsenz

Körpersprache • Ausdruck • Stimme
Selbstsicherheit • Sichtbarkeit

GOLDEGG VERLAG

Rechte Coverfoto: Goldegg Verlag
Rechte Autorenfoto: Nancy Horowitz
Rechte Fotos im Kern: Eva Berner-Klemt
Rechte an genannten Videos: Eva Berner-Klemt
Rechte an verwendeten Cartoons: Eva Berner-Klemt
Umschlaggestaltung: Bernadett Linseisen (schere.style.papier), München

ISBN: 978-3-99060-245-4

Unter den Linden 21 • D-10117 Berlin
Telefon: +49 800 505 43 76-0

Goldegg Verlag GmbH, Österreich
Mommsengasse 4/2 • A-1040 Wien
Telefon: +43 1 505 43 76-0

E-Mail: office@goldegg-verlag.com
www.goldegg-verlag.com

Layout, Satz und Herstellung: Goldegg Verlag GmbH, Wien
Printed in the EU

Inhaltsverzeichnis

Vorwort 5

1. Deine bewegliche Mitte – dein Zuhause 9
Von Kopf bis Fuß auf Dialog eingestellt 12
So findest du deine bewegliche Mitte: der Grashalm 17
Über unsere Gewohnheiten: vertraut und manchmal hinderlich! 21
Wichtig für dich: Stimme dein Körperinstrument auf Dialog ein! 25

2. Dein Raum – eine Frage der Präsenz 27
Breite deine Flügel aus! 31
So findest du deinen Raum: die Kugel-Übung 35
Wichtig für dich: Selbstermächtigung statt Selbstboykott 40

3. Atem – Wunder und Geschenk 43
Dein Atem: Mach das Tor auf! 44
Dein Zwerchfell: Trampolin zum Absprung für alles, was du zu sagen hast 51
Atemtraining: über Atem-Tonus-Ton 59
Wichtig für dich: Aus deinem Atem entsteht deine Stimme! 69

4. Deine Stimme – Abbild deiner Persönlichkeit 71
Der Ton macht die Musik 77
Die Stimme entfalten: So verbesserst du dein Stimmvolumen 81
Wichtig für dich: Deine Stimme sagt immer die Wahrheit! 88

5. Mach es spannend – Sprechtechnik-Tools 91
Punkt & Pause: damit deine Inhalte landen können 94
So wirst du ÄHMs los 100
Artikulation – warum sie für deine Kommunikation so wichtig ist 104
Stimm-Modulation: hoch, tief und bunt 116
Betonungen geben Orientierung: ausdrucksstark sprechen 119
Wichtig für dich: Alles rein in deine Toolbox! 123

6. Körpersprache – selbst-bewusst im Dialog 125
Bewusst in Dialog gehen: Verbindung zu den Gesprächspartnern herstellen 131
Deine innere Haltung … und welche Rolle sie in deiner Kommunikation spielt 162
Rollen, die dich stark machen 183
Das Spiegel-Tool – wir stellen uns nonverbal aufeinander ein 190
So vertrittst du deinen Standpunkt 196
Videotelefonie: Kommunizieren über den Bildschirm 207
Wichtig für dich: Du bist reich an Möglichkeiten, wähle bewusst, was dich selbstsicher macht! 215

7. Lampenfieber auflösen – so wird's gemacht 217
Was will mein Lampenfieber von mir? 220
Lampenfieber wegtrainieren – 7 Strategien 223
Wichtig für dich – Akzeptanz nimmt den Wind raus 235

Nachwort 237
Quellen- und Literaturverzeichnis 238

Vorwort

Liebe Leserin! Lieber Leser!
Es ist und bleibt eine aufregende Herausforderung, vor Menschen zu sprechen, gesehen und gehört zu werden, ja, sich zu zeigen! »Werden sie mich an-erkennen, werden sie mich mögen?« Diese Frage scheint eine Überschrift des menschlichen Lebens zu sein, eine tief in uns eingeschriebene Sehnsucht und kraftvoller Motor unseres Tuns.

Wir nehmen einander vor allem durch Körpersprache und Stimme wahr. WAS Sie zu Ihren Gesprächspartnerinnen und -partnern sagen, macht nur einen Teil Ihrer Wirkung auf sie aus. WIE Sie es sagen – wie Sie sich dabei bewegen, wie Ihre Stimme klingt und was Augen, Hände, Schultern & Co erzählen –, das steht im Vordergrund der menschlichen Wahrnehmung. Sie können hochqualifiziert sein und inhaltlich herausragend: Aber nur wenn Sie Ihre Inhalte auch vermitteln können, werden Sie damit Erfolg haben.

Dieses Buch ist eine sehr persönliche Anleitung für das eigene Körper-Kommunikations-Instrument: Es begleitet Sie in logischen Schritten von der Verbesserung der Selbstwahrnehmung über die Entdeckung der Atem- und Resonanzräume und der daraus frei klingenden Stimme hin zu Ihrer Körpersprache und dem In-Kontakt-Gehen zu Ihrem Gegenüber. Sprechtechnik-Tools gehen damit Hand in Hand. Ich habe auch ein Kapitel über Lampenfieber geschrieben, damit alle, die damit zu kämpfen haben, zu mehr Gelassenheit und Selbstvertrauen finden können.

Die Übungen in diesem Buch helfen dabei, sich von kommunikationshemmenden Dingen zu befreien und die Freiheit, Leichtigkeit und Freude, die wir als Kinder selbstverständlich hatten, wiederzufinden. Fast jedes Kind kann mit seiner Stimme mühelos laut schreien und äußerst klangvoll sprechen, das können wir als Erwachsene immer noch. Das Körperinstrument ist dasselbe geblieben!

Ich möchte Sie herzlich einladen, sich mit diesem Buch auf eine Reise des Ausprobierens und Experimentierens zu begeben. Neben theoretischen Inputs und Fallbeispielen stehen das Selbsterfahren, Erspüren und Tun im Vordergrund: Wie kann ich mich selbst so einstellen, dass meine Inhalte leicht und frei von mir in die Ohren, Gehirne und Herzen meiner Gesprächspartner fliegen, surfen und gleiten?

Und was kann ich mir (bevor ich in eine Situation gehe) bewusst zur Verfügung stellen, um die Situation souverän zu meistern, ja sogar zu genießen? Wie kann ich mit Klarheit und Ruhe meinen Standpunkt vertreten, ohne mich zu verkrampfen oder mich giftig zu fühlen?

Kurze, leicht verständliche Inputs liefern Ihnen das nötige Know-how. Bilder helfen Ihnen dabei, die beschriebenen Übungen zu begreifen. Videos begleiten Sie in Ihrem Lernprozess.

Sämtliche Namen in den Fallbeispielen sind, um die Privatsphäre der beschriebenen Personen zu schützen, geändert.

Ich bitte um Verständnis, dass zugunsten des Leseflusses auf ein durchgehendes Gendern (Gesprächspartner*innen oder: GesprächspartnerInnen oder: Gesprächspartner und Gesprächspartnerinnen) verzichtet wird, so wie es im Goldegg Verlag üblich ist.

An dieser Stelle möchte ich mich bedanken. Dieses Buch konnte entstehen, weil ich das Glück hatte, bei wunderbaren Menschen lernen zu dürfen. Ich bedanke mich bei Samy Molcho, dessen Unterricht mich in meinem Schauspielstudium am Max-Reinhardt-Seminar reich beschenkt und inspiriert hat. Auch seiner langjährigen Assistentin, der Körpersprache-Expertin Maria Thanhoffer möchte ich danken, sie lud mich ein, in ihren Lehrgängen für Führungskräfte Sprechunterricht zu geben und hier mein Wissen zu vertiefen. Durch sie lernte ich die Zusammenhänge zwischen psychischen Vorgängen, Verhalten und Körpersprache besser sehen und begreifen.

Atem und Stimme – sie kommen aus dem Körper und gehen Hand in Hand mit der Sprache des Körpers. Viele Übungen in diesem Buch kommen aus der körperorientierten Atempädagogik Atem-Tonus-Ton von Maria Höller-Zangenfeind. Sie wiederum lernte bei der großen Ilse Middendorf. Ich danke meinen wunderbaren ATT-Lehrenden Christoph Habegger, Sabine Seidl und Letizia Fiorenza, bei denen ich die Ausbildung zur ATT-Lehrerin gemacht habe. Dieses kostbare Wissen hat mein Leben verändert. Norbert Faller möchte ich für die lehrreichen Atem-Fortbildungen danken. Dr. Katharina Rubi-Klein und Dr. Marcus Täuber gaben mir wichtiges medizinisches bzw. neurobiologisches Wissen an die Hand, herzlichen Dank für Ihre Hilfe! Frantz Wittkamp, der mir seinen bezaubernden Text »Reimreise« zur Verfügung stellt – zum Üben der Wohlfühlstimmlage – herzlichen Dank dafür!

Meinen Klientinnen und Klienten möchte ich für ihre Experimentierfreude und ihr Vertrauen danken, viele von ihnen habe ich über Jahre in ihren Lernprozessen begleitet. Von jeder einzelnen Person habe ich viel gelernt!

Ganz besonders danke ich meinem Mann Florian, ohne ihn gäbe es kein Buch! Er hörte sich geduldig jedes neue Kapitel an, egal wo und wann, und stellte kluge Fragen. Und – auch ganz besonders – danke ich meiner Mutter, die alles immer ganz toll fand. Wie hilfreich, dass Mütter so objektiv sind.

Viel Freude beim Experimentieren, Wachsen und Flügelausbreiten!

Herzlich
Ihre Eva Berner-Klemt

PS: Ich erlaube mir, Sie ab jetzt zu duzen! Das Zwerchfell, der Atem, die Stimme, ja, der ganze Körper spricht meiner Erfahrung nach am besten auf das DU an.

1.

Deine bewegliche Mitte – dein Zuhause

Was macht ein Shaolin-Mönch, bevor er eine mentale Höchstleistung vollbringt? Bevor er mit einer Hand eine kleine Nähnadel abschießt und damit, punktgenau, eine dicke Glasscheibe zum Bersten bringt oder einen Stapel Ziegeln mit der bloßen Hand durchschlägt? Er bringt seinen Körper auf wunderbare Weise ins Lot! Er schließt die Augen und fühlt sich in seinen Körper ein. Es sieht aus, als wäre er mit dem Boden verwurzelt, sicher und stark. Er bewegt sich leicht und man kann geradezu sehen, wie geschmeidig seine Gelenke sind: durchlässig für die kleinste Bewegung. Ich habe mir wieder und wieder angesehen, wie Shaolin-Mönche sich ihr Körperinstrument zur Verfügung stellen, bevor sie handeln. Wie zärtlich sie sich wiegen – wie ein Grashalm im Wind! Den Blick nach innen gerichtet, der Körper eine Einheit von den Füßen bis zum Kopf. Im Zustand des Gesammeltseins entsteht der Fokus. In diesem achtsamen Ich-Sein entsteht Konzentration und daraus folgt die Handlung. Was dann passiert, sieht beinah unspektakulär aus, es scheint sehr leicht zu sein! Offensichtlich hat es nichts mit Kraft zu tun, sondern mit Bei-sich-Sein. Aus der eigenen Körperempfindung heraus agieren. Nun brauchen wir keine Glasscheibe zum Bersten zu bringen und auch keine Ziegel zu durchschlagen, wir brauchen in der Kommunikation mit Menschen keine plötzliche Ausnahmeleistung abzuliefern. Aber wie der Shaolin-Mönch brauchen wir die Wahrnehmung des eigenen Körpers. Die Selbstwahrnehmung ist meiner Meinung nach die Voraussetzung für funktionierenden Dialog. Aus dem eigenen Zuhause, aus der Sicherheit und Stärke des eigenen Körperhauses (heraus) in Dialog gehen. Damit deine Worte ankommen, gern gehört und angenommen werden, möchte ich dich einladen, von den Füßen bis zum Kopf wach und beweglich in Kontakt zu deinen Gesprächspartnern oder deinem Publikum zu treten.

Eine überzeugende Speakerin? Eine tolle Chefin, ein guter Leader? Eine Schauspielerin? Ein Boxer? Ein Sänger? Eine überzeugende Politikerin? Sie alle sind körperlich spür- und sichtbar präsent. Der Boxer ist federnd und tänzelnd jederzeit bereit auszuweichen oder anzugreifen – immer in Bewegung. Keine Sängerin der Welt würde ohne Warm-up auf die Bühne gehen: Sie braucht, abgesehen vom stimmlichen Warm-up, das Bei-sich-in-der-Körperempfindung-Ankommen. Schauspieler, das sage ich aus meiner eigenen langjährigen Bühnenerfahrung, brauchen liebevolle Achtsamkeit, um ihr Körperinstrument wach zu machen und auf die Theatervorstellung einzustimmen.

Warum ist das so wichtig? Lass mich dazu das Gegenteil beschreiben, nämlich jenen Gedankengang, den sich keiner wünscht: Ich bin am Weg zum Meeting, wo ich gleich eine Präsentation halten werde. Der Beamer? Hoffentlich wird die Technik reibungslos funktionieren ... Folie 1, 2, 3? Und 4! Punkt 5 bereitet mir Sorgen, da bin ich inhaltlich etwas unsicher ... hoffentlich wird niemand eine Frage stellen! Ich schaue lieber noch mal nach ... und dann noch kurz ein Blick auf mein Handy, eine neue Nachricht? Mein Atem geht etwas schneller, mein Herz rast. Mein erster Satz, wie war der noch mal? Kontrollblick auf mein Outfit, noch schnell zur Toilette, passt alles? Sitzt die Frisur? Ich betrete den Raum, begrüße einige Kollegen, bereite meine Unterlagen vor. Der Stick, der Beamer, Folie 1. Meine Schultern sind etwas hochgezogen vor lauter Aufregung. Ich kann nicht feststellen, woran es liegt, aber ich fühle mich unwohl, hoffentlich ist es bald vorbei. Ich lege los. Meine Stimme klingt leise. Ich bemühe mich, lauter zu sprechen, das strengt mich an. Ich weiß nicht, wohin mit meinen Händen. Ich spreche hastig und mir fällt auf, dass einige meiner Kollegen nicht zuhören. Ich fühle mich sehr allein, anscheinend ist meine Präsentation nicht so interessant, ich spreche etwas schneller, damit es möglichst bald vorüber ist.

Hier wurde der Fokus auf alles Mögliche außerhalb meiner Selbst gelenkt. Die Technik: Natürlich ist das reibungslose Funktionieren des Beamers oder Mikrofons wichtig, aber bitte kümmere dich schon etwas früher darum (siehe auch Kapitel »Lampenfieber auflösen«, Seite 230). Dein Aussehen: Natürlich sollst du dich wohlfühlen und deine Frisur darf sitzen, aber jetzt ist nicht der ideale Zeitpunkt, um dir den Kopf darüber zu zerbrechen, was wohl die Kolleginnen oder das Publikum über dich denken werden! Ein strenger Blick von außen auf sich selbst kann Verunsicherung schaffen. Nun fragst du dich bestimmt, worauf du deine Aufmerksamkeit in der eben beschriebenen Situation lenken könntest und was hilfreich für dich wäre. Die Inhalte des Vortrags sind entscheidend und wichtig, wir wollen den Gesprächspartnern oder dem Publikum einen Mehrwert bieten. Wir sind Experten und Expertinnen für gewisse Themen, keine Frage. Aber wie übermitteln wir nun diese so lang gelernten, tief verstandenen, vielleicht über Jahre in uns mehr und mehr gereiften, wahrscheinlich geliebten (und selbstverständlich gut vorbereiteten) Inhalte? Die Antwort ist sehr einfach: mit dem Körper! Dein Blick, dein Lächeln, deine Hände, deine Zuwendung zu deinen Gesprächspartnern – sie sind die Inhalt übermittelnden Protagonisten im Dialog. Und deine Stimme? Sie kommt aus deinem Körper! So wirst du hörbar, sichtbar und spürbar für deine Gesprächspartner. Dein Körper: Er ist der sichere Partner, auf den du dich verlassen kannst, er ist immer da, konkret und greifbar. Neben deinen Inhalten ist der Fokus auf deinen Körper zu richten. Gleich wirst du Schritt für Schritt erfahren, wie du dich fokussieren kannst. Deine Stimme, deine Gesten und feinen Körperbewegungen werden auf sehr persönliche und unverwechselbare Weise die Inhalte zu deinen Gesprächspartnern transportieren! Bevor du nun zu sprechen beginnst, erde dich, spüre deinen Körper – dein Zuhause –, öffne alle Schleusen, Scharniere und Türchen deines Kommunikationsinstruments für einen Dialog!

Von Kopf bis Fuß auf Dialog eingestellt

Mit jeder Faser wach und lebendig! Beide Füße sicher am Boden, Beingelenke, Becken und Wirbelsäule sind leicht beweglich, der Kopf frei drehbar, der Unterkiefer locker, die Arme frei, der Atem geht tief ins Zwerchfell. So bist du bereit für ein Gespräch!

Wir Menschen sind als soziale Wesen verblüffend gut ausgestattet für das Miteinander, Zueinander und Füreinander: Wir verfügen über ein hochkomplexes Kommunikationsinstrument, den Körper. Nicht immer ist der kommunikativ-aktive Zustand gefragt: wenn wir beispielsweise einen Film anschauen, Musik hören oder gemütlich am Sofa sitzend lesen, versunken in die Lektüre … Der Körper braucht dazu wenig Spannung, er gibt ein wenig nach. Die Brust sinkt ein, die Schultern fallen leicht nach vorne, das Becken kippt nach hinten. Der Atem fließt langsam. Wollen wir aber in Dialog treten, so wird der Kommunikationsmodus des Körpers hochgefahren: Das Brustbein hebt sich, der Blick sucht sein Gegenüber, ein Denk-Sprech-Prozess beginnt und der Atem fließt aktiver. Arme und Hände beteiligen sich und machen Worte sichtbar. Das Zwerchfell senkt sich im Sprechmodus mit jedem Atemzug blitzschnell in den Bauchraum und schenkt uns Luft zum Sprechen. (Darüber erfährst du mehr im Kapitel »Atem – Wunder und Geschenk«.) Die Körperspannung ist jetzt höher! Die feine Beweglichkeit aller Gelenke und Muskeln ist nahezu sichtbar. In diesem wunderbaren Zustand kann sich die Atembewegung ungehindert im Körper ausbreiten, die Stimme wird dadurch voll und unangestrengt klingen. Wir sprechen weder zu schnell noch zu langsam, es fühlt sich gut und frei an. Wir können uns Zeit lassen zu denken, wir sind offen für Fragen, wir fühlen uns wohl, haben keine Angst. Wir haben sogar Raum für Humor geschaffen. Wir sind im wahrsten Sinne des Wortes von Kopf bis Fuß auf Dialog eingestellt.

Manchmal will die richtige Einstellung in herausfordernden Situationen jedoch nicht so ganz klappen, beispielsweise in beruflich schwierigen Situationen. Wenn alle Augen auf uns gerichtet sind und wir das Gefühl haben, brillieren zu müssen. Wir setzen uns unter Druck. Dann passiert Folgendes mit dem Körper: Die Schultern werden hochgezogen, die Bauchmuskulatur wird fest, der Atem fließt nun flach und die Stimme klingt leise. Die Kniegelenke werden oft durchgedrückt (für einen vermeintlich sicheren Stand), das Becken verliert an Beweglichkeit und der Atem kann sich nicht mehr weich und frei ausbreiten. Die Kiefermuskulatur wird angespannt, der Mund öffnet sich kaum und wir sprechen tendenziell undeutlich und zu schnell. Da fließt nichts mehr! Was tun?

Stimme dich körperlich bewusst auf Dialog ein: Stelle dir dein wunderbar verlässliches Kommunikationsinstrument – den Körper – bewusst zur Verfügung, bevor du beginnst zu sprechen!

Warm-up: lockern, lösen und dehnen

Diese Übungen dienen der Lockerung und der Verbesserung der Selbstwahrnehmung.

Armkreisen: Im Stehen, die Füße etwa hüftbreit. Strecke den rechten Arm locker nach vorne und lass ihn über oben nach hinten kreisen, die Handfläche zeigt dabei nach außen. Stelle dir vor, Farbe an der Handfläche zu haben: Male große Kreise in die Luft. Wenn der Arm wieder in der Ausgangsposition gelandet ist, kommt der linke Arm dran. Wechsle dann die Arme ab, ein Kreis rechts, einer links. Genieße die Beweglichkeit des Schultergelenks. Lenke nun dabei die Aufmerksamkeit auf deine Füße: Spürst du den Kontakt zum Boden? Erlaube dir, den Schwung aus dem Boden zu nehmen, deine Kniegelenke dürfen sich lösen und deine Beine dürfen dich durch ein kleines Nachgeben und Aufrichten unterstützen.

Nun kommt dein Atem ins Spiel. Mit jedem Kreis, den du malst, atme hörbar und leicht mit FHHHH weit in den Raum aus, für etwa ein bis zwei Minuten. Nun spüre, wie sich das anfühlt.

Genüssliches Dehnen: Lasse einen Arm lang werden gen Himmel, dann den anderen. Spüre, wie dein Brustkorb sich zur jeweiligen Seite weitet und wie die Rippen dabei sanft nachgeben. Kehre mit dem Ausatmen zurück in die Ausgangsposition. Der Einatem kommt im Dehnen von allein und darf sich Raum nehmen. Spüre nun hin: Wo möchte dein Körper noch lang und weit werden? Gib diesem Bedürfnis nach: Räkle, strecke und dehne dich, seufze und gähne dabei nach Herzenslust.

Arme und Beine klopfen: Klopfe von einer Schulter ausgehend den Arm außen hinunter und an der Innenseite wieder hinauf. Mach das einige Male mit lockerem Handgelenk und wechsle dann zum anderen Arm. Nun kommen die Beine dran. Klopfe einige Male von einer Beckenseite aus das Bein außen hinunter und an der Innenseite wieder hinauf. Dann kommt das andere Bein dran. Diese Übung wirkt tonisierend, sie macht munter.

Hochfedern aus der Hocke: Beuge deine Knie, gehe in die Hocke, die Füße stehen dabei etwas breiter als beckenbreit parallel zueinander. Die Hände kommen über den Knien auf den Oberschenkeln zu liegen, vier Finger nach innen, die Daumen nach außen. Stoße dich nun mit den Armen leicht ab und federe dich zurück ins Stehen, einige Male. Den Unterkiefer bitte locker lassen. Diese Übung schenkt dir augenblicklich tiefen Atem, den du zum Sprechen brauchst.

Die innere Landkarte: in der Körperempfindung ankommen

Komme wieder in deinen hüftbreiten Stand, etwas schmäler als die Beckenseiten, die Füße in einem ganz leichten V, die Zehenspitzen sind dabei ein wenig weiter voneinander entfernt als die Fersen. Es gibt hier kein Richtig oder Falsch, es geht darum, deinen momentanen Istzustand wahrzunehmen. Wir beginnen mit den Füßen: Wo spürst du das Gewicht? Vorne in den Zehen und Ballen? Oder eher in den Fersen? Lass dich vom Boden tragen. Nun wandere mit der Aufmerksamkeit langsam den Körper hinauf: Sind deine Sprunggelenke frei? Deine Kniegelenke gelöst? Wenn du sie durchgedrückt hast, dann lass sie leicht locker, löse sie, sodass ein kleiner Spielraum in den Kniekehlen spürbar wird. Dabei handelt es sich nur um einen Hauch, etwa einen Zentimeter. Du kannst dir auch vorstellen, dass kleine Luftblasen angenehm durch deine Beine nach oben blubbern, sie sollten durch die Kniegelenke durchkommen. Sind deine Hüftgelenke beweglich? Deine Wirbelsäule? Lenke deine

Aufmerksamkeit auf dein Kreuzbein und wandere mit deinem Fokus nun langsam die Lendenwirbelsäule hinauf. Stelle dir vor, zwischen deinen Wirbelgelenken wäre viel Raum. Wandere immer weiter, Wirbel für Wirbel, nun die Brustwirbelsäule und die Halswirbelsäule hinauf. Auf dem letzten Halswirbel darf dein Kopf balancieren. Male mit der Nasenspitze langsam eine horizontale Linie in die Luft, nach rechts und wieder zurück, dann nach links und wieder zurück. Du bist im beweglichen Bereich deiner Kopfposition angekommen, wenn du merkst, dass dein Unterkiefer locker lassen kann. Achtung: Ein gehobenes Kinn verursacht Spannung in der Nackenmuskulatur. Dein Blick darf gelassen geradeaus schweifen. Dein Schultergürtel darf sich auf dem Brustkorb niederlassen und die Kiefergelenke dürfen locker lassen. Die Arme sollen locker herabhängen. Welche Bereiche deines Körpers fühlen sich gerade gut an, angenehm, weit, hell und deutlich? Welche weniger gut? Manche Bereiche spürst du vielleicht weniger deutlich als andere. Bitte nimm das einfach nur wahr, bewerte es nicht. Wo kannst du Atembewegung wahrnehmen? Kleine, feine Bewegungen. Im Bauch? In der Brust? Im Rücken? Im Becken vielleicht?

Zum Abschluss spüre deinen Körper als Ganzes: Er ist eine Einheit, die wir am besten vom Boden aus wahrnehmen können. Im Gegensatz zur Luft über uns ist der Boden konkret spürbar. Dein Körper bildet eine Einheit von den Füßen bis zum Schädeldach. Komme in deine volle Größe und deine innere Weite!

So findest du deine bewegliche Mitte: der Grashalm

Verschiedene Körperlehren haben für die feine bewegliche Aufrichtung, die wir suchen, unterschiedlichste Namen definiert. *Neutraler Raum* ist ein Begriff dafür, den die Atem- und Stimmpädagogik *Atem-Tonus-Ton*, mit deren Ansätzen, Atem- und Stimmübungen ich gerne arbeite, dafür verwendet. Ingrid Amon nennt die bewegliche Aufrichtung in ihrem Buch »Die Macht der Stimme« *Bewegte Balance*. Es ist der Zustand, von dem aus wir schnell überall hingelangen können, sowohl durch einen mühelosen physischen Schritt als auch mental. Wenn wir in der *beweglichen Mitte* sind, können wir ad hoc auf verschiedene Impulse von außen oder innen reagieren. Samy Molcho, der mein Lehrer am Max-Reinhardt-Seminar war, nennt diesen Zustand *Hochstatus*. Auch wenn es unterschiedliche Zugänge gibt, haben alle dasselbe Ziel: Zugang zu den eigenen Ressourcen schaffen. Die Atembewegung zulassen, ihr nichts in den Weg stellen: kein festgehaltenes Gelenk und keinen zu stark angespannten Muskel. Eutonus herstellen! Damit ist die ausgeglichene körperliche Wohlspannung gemeint. Diesen angenehm freien Modus gilt es aufzufinden und sich mit ihm vertraut zu machen, um ihn später abrufen zu können. Ich persönlich nenne die bewegliche Mitte: der *Grashalm*. Bilder sind sehr hilfreich, oft findet der Körper über ein einfaches Bild von alleine alle Bausteine, die er braucht. Der Körper darf dabei in seiner Gesamtheit in Bewegung bleiben. So kann deine Stimme klingen, deine Gesten können frei ihre wichtige Rolle in deiner Kommunikation spielen, deine Gesichtszüge werden gelöst sein und du wirst mit Leichtigkeit in dein Meeting, in deine Präsentation oder deinen Vortrag gehen. Du bist dabei nicht allein: Der Boden ist dein Freund, er ist immer da und trägt dich.

Der Grashalm im Stehen

Bleibe in deinem hüftgelenksbreiten Stand. Stelle dir bitte vor, auf einem weichen Boden zu stehen, beispielsweise im Sand oder Moos. Lasse deine Füße etwas einsinken und spüre dabei deinen Fußabdruck. Lass dich vom Boden tragen. Stelle dir nun vor, im Boden zu wurzeln, mit kleinen, feinen Wurzeln wie ein Grashalm! Verbinde dich mit dem Boden. Und nun spielt ein sanfter Wind mit dir. Warm und angenehm. Gib ihm in alle Richtungen nach, sei beweglich wie ein Grashalm. Dein Kopf bleibt dabei aufgerichtet, deine Beingelenke bleiben frei und gelöst und deine Wirbelsäule sehr beweglich. Spürst du die Gewichtsverlagerung in den Fußsohlen? Nach und nach darf der Wind nun schwächer werden. Die Bewegung wird damit kleiner, immer weniger, bis nur noch ein Hauch von Wind übrigbleibt. Es ist dein kleiner, angenehmer Privatwind. Von außen ist diese Bewegung nun kaum mehr wahrnehmbar. Für dich in deinem Körper bleibt sie aber deutlich spürbar. Dieser Zustand soll dein Zuhause sein, wenn du vor Leuten sprichst, wenn du in Dialog gehst!

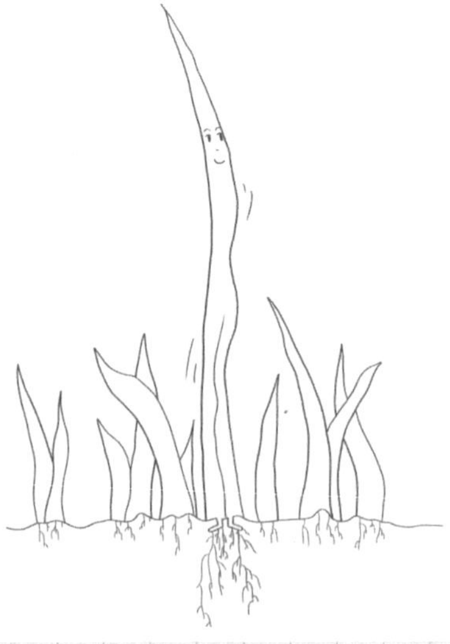

Abb. 1: die bewegliche Mitte – der Grashalm

Für den Grashalm im Sitzen brauchen wir eine Vorübung.

Der Beckenkreis

Sicher, wohlig und beweglich sitzen: Durch den Beckenkreis schließt du Freundschaft mit deinen Sitzknochen und der Sitzfläche! Lasse dein Becken sanft nach vorne und hinten schaukeln, sich wiegen, du spürst dabei deine Sitzknochen. Sie sind halbrund, man kann gut darauf balancieren. Verlagere dein Gewicht vor und hinter die Sitzknochen. Das Becken ist sehr beweglich. Verlagere dein Gewicht jetzt auf deinen rechten Sitzknochen, du wirst dabei spüren, dass der linke Sitzknochen sich ein wenig von der Sitzfläche hochhebt. Dann wechselst du auf den linken Sitzknochen und spielst mit dieser Gewichtsverlagerung einige Male. Du hast nun die Möglichkeit, dich in vier Richtungen zu wiegen: nach vorne, hinten, rechts und links. Bitte verbinde diese vier Richtungen nun durch ein Kreisen. Immer noch hebt sich ein Sitzknochen dabei etwas von der Sitzfläche ab. Stelle dir bitte vor, einen breiten Kreis auf die Sitzfläche zu malen.

Nun nimm deine Stimme dazu: Sage oder singe LLL. ***Ich nenne dieses Sprechsingen »tönen«***. Stell dir dabei vor, dass dieser Laut in dich hineinfallen und sich im Becken ausbreiten darf. Spüre nach ein bis zwei Minuten spüre in deinen Körper. ***Ich nenne die Körperwahrnehmung nach einer Übung »nachspüren«***. Wie nimmst du den Kontakt zur Sitzfläche wahr, bist du auf der Sitzfläche gelandet, lässt du dich tragen? Wo kannst du Atembewegung wahrnehmen? Ist vielleicht ein inneres Bild entstanden? Wie sieht dein Beckenkreis aus, hat er eine Farbe und eine Konsistenz? Wenn ja, dann merke sie dir bitte: Wenn du dich das nächste Mal hinsetzt, kannst du dich daran erinnern und so deine eben gemachte Körperarbeit abrufen. Du musst mit dieser Übung nicht von vorne beginnen. Eine kurze körperliche Erinnerung, ein bewusstes Auf-der-Sitzfläche-, In-deinem-Beckenkreis-Landen genügt. Ich nenne das »sich einrichten«, bevor du mit dem Dialog beginnst.

Jetzt kann der Grashalm wurzeln! Was im Stehen der Boden ist, nämlich der Freund, der dich trägt, ist im Sitzen die Sitzfläche. Die Verbindung zum Boden über Füße und Beine ist noch wie im Stehen da, aber die Sitzfläche und mit ihr die Sitzknochen spielen nun eine wichtige Rolle. Dein Grashalm im Wind – er wurzelt jetzt in der Sitzfläche. Spüre, wie die Wirbelsäule im sanften Wind in ihrer Beweglichkeit nachgibt und du auf den Sitzknochen balancierst! Spiele mit dem Wind, lasse ihn etwas stärker und wieder schwächer werden. Und lande dann bitte – wie im Stehen – dort, wo der Wind sehr sanft ist. Für dich ist er immer noch spürbar, aber von außen sieht man ihn kaum mehr. Dieser Bereich darf dein Zuhause sein, wenn du im Sitzen kommunizierst. Lehne dich ruhig an, während du deinen Kollegen und Gesprächspartnerinnen zuhörst, überkreuze deine Beine, wenn du dich damit wohlfühlst, in einem Meeting zum Beispiel. Wenn du aber einen Inhalt übermitteln willst, komme in deinen Grashalm – schon bevor du zu sprechen beginnst. Freunde dich mit deinem neuen Zuhause an: Wenn du auf den Lift oder die U-Bahn wartest oder wenn du dich gerade beim Bäcker anstellst, komme in den Grashalm. Das sind oft leere Minuten, die du wunderbar zum Vertrautwerden und Inkorporieren des Grashalmes nützen kannst.

TIPP

ERDE DICH!

Gerade für ein herausforderndes Gespräch ist es wichtig, sich vom Boden bzw. der Sitzfläche tragen zu lassen. Das erdet dich und nimmt Anstrengung aus deiner Kommunikation! Stelle dir dafür bewusst und rechtzeitig deinen Grashalm zur Verfügung!

Über unsere Gewohnheiten: vertraut und manchmal hinderlich!

Meine Gewohnheiten sind für mich selbst vollkommen normal. Meine Stand- und Spielbeinposition oder meine verschränkten Arme, mein seitlich geneigter Kopf oder meine im Sitzen meist überkreuzten Beine. Meine zusammengebissenen Zähne oder mein gesenkter Blick. Meine im Sitzen vom Boden abgehobenen Fersen oder mein eingesunkenes Brustbein. Meine nervös nestelnden Finger oder mein Wackelbein. Meine häufige Hand-ins-Gesicht-Geste oder mein ständiges Lächeln. Das sind Körpergewohnheiten – Positionen, Haltungen und Bewegungen –, die mir vertraut sind. Es fällt mir nicht mehr auf, wenn ich sie mache. Ich fühle mich sicher damit, weil ich sie gut kenne. Etwas anderes, Neues würde mir auffallen, meine Gewohnheiten aber nicht. Sie sind bequem wie ein altbekanntes Urlaubsziel, da gibt es keine unvorhersehbaren Überraschungen. Neues Terrain erfordert erhöhte Aufmerksamkeit – das kostet Energie. Neuland ist unbequem, mein Körpergefühl wie auch die Reaktionen meiner Mitmenschen sind ungewiss. Aus diesem Grund bleiben wir oft lieber bei unseren Gewohnheiten, auch wenn diese seltsam oder sogar hinderlich sind. Wir alle haben gewisse Gewohnheiten. Manche davon sind hilfreich für die Kommunikation, andere weniger. Ich möchte dich an dieser Stelle wissen lassen: Alles ist erlaubt, es gibt kein Rezept, kein Richtig oder Falsch, wir dürfen alles! Die Frage ist: Was brauchst du wann? Was ist hilfreich für dich in welcher Situation? Womit fühlst du dich souverän und frei? Beim weiteren Lesen und Ausprobieren wirst du noch viele Antworten darauf finden – deine persönlichen Antworten!

TIPP

DIE SELBSTWAHRNEHMUNG VERBESSERN

Ich möchte dich einladen, liebevoll darauf zu achten: Wie sitzt du oft? Wie stehst du? Was fällt dir auf, wenn du dich beobachtest? Und hier die entscheidende Frage: Was davon brauchst du für deinen Grashalm - und was nicht? Bitte schimpfe oder werte nicht, nimm dich selbst immer genauer wahr! Und entscheide dann bewusst: Was brauche ich jetzt? Für die Situation, in die ich gleich gehe? Für meine Präsentation, meinen Unterricht oder meine Rede: Sind meine Schultern hochgezogen? Dann lasse sie auf dem Schultergürtel landen, entspanne sie. Kiefergelenke fest? Locker lassen! Stand seitlich? In die Mitte kommen. Knie eingeschnappt? Löse sie. Arme verschränkt? Bitte aufmachen. Übertreibe auch mal deine gewohnten Körperhaltungen - über sich selbst schmunzeln ist dabei erwünscht -, um sie danach umso bewusster loslassen zu können.

Außerhalb der beweglichen Mitte?

Ein Mann Anfang dreißig, Sebastian, kam mit einem Stimmproblem zu mir ins Sprechatelier. Er sei Trainer und müsse oft einen Tag lang ein Seminar leiten, erzählte er mir. Seine Stimme würde schnell ermüden, das Sprechen strenge ihn sehr an. Die Stimme sei dann bald rau und leise. Sebastian stand sehr breitbeinig da. Seine Kniegelenke waren dadurch blockiert. Wenn wir breit stehen, breiter als hüftbreit, drücken wir die Kniegelenke meistens durch, sie werden dadurch fest und unbeweglich. Versuche es einmal: Stehe breitbeinig, spüre deine Knie. Und dann komme in deinen hüftbreiten Stand. Spüre den Unterschied. Nur hier ist es möglich, in den Beinen beweglich zu bleiben. Sebastian ließ seinen Oberkörper etwas nach hinten sinken, er gab im unteren Rücken nach: eine Gegenbewegung zu den blockierten Knien, die die Atembewegung einschränkt. Diese möchte sich tief in den Bauchraum hinunter ausbreiten, bis in den Beckenraum, wenn wir ihr nichts entgegenstellen. Im Idealfall senkt sich das Zwerchfell weich in den Bauchraum und die Organe weichen aus (siehe auch Kapitel »Atem – Wunder und Geschenk«).

Der Atem macht die Stimme. Die Fülle des Atems wird Stimmklang. Oder anders gesagt: Atemraum ist Klangraum. Wir arbeiteten am Grashalm. Anfangs fühlte Sebastian sich unsicher. Sein vermeintlich sicherer Stand mit festen Knien war ihm so vertraut. Er brauchte etwas Mut, um sich auf neues Terrain einzulassen. Es ging um das Umstellen einer Gewohnheit. Alles Neue ist anfangs mit Unsicherheit verbunden. Das erste Mal Schlittschuh fahren. Über eine Slackline balancieren. Auto fahren. Aber mit etwas Übung wird das Neue vertrauter. Sebastian bekam statt der festen Kniegelenke einen anderen festen Freund: den Boden!

»Ich fühle mich sicher und beweglich. Ich fühle mich ruhig und frei«, sagte er. Nun konnten wir an seiner Stimme arbeiten. Sein Körperinstrument war im Lot, seine Gelenke durchlässig für Atembewegung und Stimmvibration. Es war nun kein weiter Weg mehr für Sebastian und es ging leicht. Der Grashalm hatte alle Tore in seinem Körper aufgemacht für seine Stimme. Er sagte zu mir: »Stimme ist Körper.« Ja, diese Ansicht teile ich aus vollem Herzen. Ich möchte noch weitergehen und sagen: Kommunikation geschieht über den Körper.

Video 1:
Deine bewegliche Mitte

Gewohnheiten verändern: Bitte habe Geduld mit dir

Das Umstellen einer Gewohnheit braucht etwas Geduld und auch Zeit. Rund zweitausend Mal muss der Körper etwas Neues üben, dann erst wird es inkorporiert und damit selbstverständlich sein. Das Körpergedächtnis ist tückisch und im Besitz eines großartigen Erinnerungsvermögens, es hat ein Gedächtnis wie ein Elefant. Einerseits ist das hilfreich: Wenn wir nach Jahren wieder einmal auf ein Fahrrad steigen, wird der Körper sich erinnern und nach wenigen Augenblicken werden Beine und Arme das Richtige tun, wir werden Fahrrad fahren wie eh und je! Schifahren, nähen, gewisse Tanzschritte, etwas montieren, eine Krawatte binden …

Bewegungsabläufe, die uns durch unzählige Wiederholungen über lange Zeit geläufig und vertraut geworden sind, bleiben im weitläufigen Archiv des Körpergedächtnisses zugänglich und abrufbar. Andererseits brauchen wir Geduld, wenn wir gespeicherte Bewegungsmuster verändern möchten. Wird die Küche beispielsweise renoviert und der Kühlschrank steht nun rechts von der Tür und nicht mehr links, so brauchen wir eine Weile, um uns an die neue Situation zu gewöhnen. Möglicherweise greift die Hand noch nach Monaten, müde und in Gedanken woanders, nach links zum Kühlschrank, wo dieser doch nicht mehr steht! Seit Mai! Jetzt haben wir Oktober! Der Körper greift ab und an noch auf das lang eingeübte Bewegungsmuster zurück. Die gute Nachricht: Er wird es immer seltener tun. Wie Sebastian können wir hinderliche Gewohnheiten, die unsere Kommunikation erschweren, ablegen. Wir können auch hilfreiche, gute Gewohnheiten erkennen und beibehalten: Was dich in deine bewegliche Mitte bringt, wird dir mehr Sicherheit, Spielraum und Präsenz schenken.

Wichtig für dich: Stimme dein Körperinstrument auf Dialog ein!

Wir bringen den Körper vom Boden ausgehend ins Lot und stellen ihn so auf Dialog ein. Wie ein Musiker sein Instrument stimmt, bevor er spielt. Alles, was im Weg steht, wird gelöst und geöffnet: Zu hoher Tonus in Gelenken und Muskulatur darf sich lösen, zu geringer Tonus wird angeregt und aufgeweckt. Die Schwerkraft ordnet uns, der Boden ist unser Partner. Wohlgefühl und Sicherheit können nun entstehen. Von außen zeigen sich diese als Gelassenheit, Ruhe, mehr Selbstsicherheit, Überzeugungskraft und Spontaneität – als Abwesenheit von Anstrengung! Etwa so: Hier bin ich und das habe ich zu sagen. Ich habe keine Angst vor euch. Ich halte nichts zurück. Ich muss mich nicht anstrengen oder verstellen. Wenn ich etwas nicht weiß, sage ich: »Ich weiß es nicht, ich werde das später beantworten.« Ich zeige mich genau so, wie ich gerade bin.

Ich wünsche dir viel Spaß beim Experimentieren mit deiner beweglichen Mitte – deinem Grashalm!

2.
Dein Raum – eine Frage der Präsenz

»Ich stelle mich an, in einer Bäckerei zum Beispiel. Ich stehe manchmal lange an, der Mann, der nach mir kommt, die Frau, die wiederum nach ihm kommt, und das junge Mädchen, das gerade erst das Geschäft betreten hat, – alle werden vor mir drangenommen. Ich sage: ‚Ein halbes Kilo Roggenbr…' Nun kommt der Mann aber dran. ‚Ich hätte gern ein halb…' Jetzt hat die Frau mit ihrer lauten Stimme sich vorgedrängt! Etwas später starte ich noch einen Versuch: ‚Bitte, dieses Brot hier, ist das Rogg…' Wieder nichts. Ich bin beruflich häufig in Meetings, ich hasse diese Meetings! Schon hundertmal habe ich das Feedback bekommen, ich würde zu leise sprechen. Ich kann es nicht mehr hören, ich schreie doch schon so! Oft werde ich unterbrochen, sie reden einfach über mich drüber, als ob ich gar nichts gesagt hätte. Letztens wollte ich den Kollegen meine Idee zum Betriebsausflug mitteilen, ich hatte lange danach gesucht und fand sie toll, aber niemand hat mir zugehört. Jetzt machen wir das Gleiche wie im letzten Jahr.«

Das erzählte mir Hemma, eine Frau um die vierzig, als sie zu mir ins Sprechatelier kam. Sie werde oft übersehen. Sie träume davon, groß, laut und sichtbar zu sein. Sie wünsche sich, dass kein Kellner der Welt ihr »Darf ich zahlen, bitte?« mehr ignoriere. Sie möchte gehört werden. Sie will so sprechen, dass ihre Gesprächspartnerinnen gespannt zuhören.

Ich sah und hörte ihr lange zu. Sie hielt die Oberarme eng am Brustkorb fest und zog ihre Schultern leicht hoch, ihre Beine waren nah aneinander und fast bewegungslos geparkt. Ihre Hände hielten sich aneinander fest. Sie sprach leise und lächelte viel. Ich musste meinen Stuhl nahe an sie heranrücken, um sie verstehen zu können. Sie nahm sich keinen Raum – überhaupt keinen Raum!

Wenn du deine Arme mal weit ausstreckst, nach rechts und links, auch nach oben, vorne, hinten und nach unten: Da ist viel Platz um dich herum! Diese Armeslänge Raum, die du hier gerade erkundest, gehört zu deinem Körper. Dieser Raum gehört dir, er ist ein mit-atmender und mit-kommunizierender wesentlicher Bestandteil deines Seins. Dein Raum ist immer da: Er begleitet dich, wohin du auch gehst. Hier bist du zu Hause: in deinem naturgegebenen Raum. Du darfst dich darin beschützt und geborgen fühlen. Wie die Erde sich mit ihrem schönen durchsichtigen Luftmantel, der Atmosphäre, umhüllt, so bist auch du von deinem eigenen luftdurchlässigen und lichtdurchlässigen Raum umgeben.

Treten wir in Dialog, so halten wir diese Armeslänge Abstand ein, wir respektieren den Raum des Gesprächspartners und bewahren den eigenen Raum. Nun teilen wir ihn: Die Armeslänge zwischen dir und mir wird Meeting-Space. Selbstverständlich erzählen wir – mit unseren lebendigen Gesten in diesen gemeinsamen Raum hinein – unsere Geschichten und Ideen, wir stellen Fragen und bekommen Antworten.

Zwei Ausnahmen dieser Regel möchte ich anführen: Im Bus oder in der U-Bahn kommen wir einander näher, im Aufzug, beim Pop-Konzert oder beim Fußballspiel – in Menschenansammlungen. Da wird der Raum um uns herum sehr klein. Aber niemals würden wir im vollgestopften Bus einander zugewandt stehen, Bauch an Bauch, Nase an Nase.

Wir versuchen, den eigenen Raum, so klein er auch gerade ist, zu wahren. Wir wenden uns möglichst ab, auch der Blick geht zur Seite, zum Boden oder zum Fenster. Wir wollen niemanden stören und auch selbst nicht gestört werden. Für viele Menschen ist diese Situation eine Herausforderung und mit gehörigem Stress verbunden. Kaum steigen wir aus, stellt sich ein Gefühl von Erleichterung ein, wir atmen auf, der eigene Raum ist wieder da.

Die zweite Ausnahme des Armeslänge-Abstand-Kodex betrifft Vertrauensbeziehungen. Die Sprache beschreibt es schön: *Naheverhältnisse.* Sind Menschen einander in Freundschaft oder Liebe seelisch verbunden, so laden sie einander nach Hause ein, in ihre privaten Räumlichkeiten. Sie bilden jetzt einen gemeinsamen großen Raum, der sie umgibt. Kinder verbringen ihre ersten Monate meist auf Tuchfühlung mit ihren Eltern. Sie haben den Mutterbauch verlassen und möchten nun viel Zeit auf dem Bauch der Mutter oder des Vaters verbringen. Je größer und selbstständiger sie werden, je besser sie selbst im Leben stehen können, desto mehr körperliche Distanz zu den Eltern wird möglich. Zehnjährige sitzen nicht mehr so oft auf dem Schoß bei Mama oder Papa. Das Naheverhältnis zu den Eltern kann trotzdem erhalten bleiben und sie werden ihnen auch als Erwachsene in einem gemeinsamen, vertrauten Raum begegnen können.

Auch der gesellschaftliche Status gibt uns Raum. Während meines Schauspielstudiums am Max-Reinhardt-Seminar hörte ich in den szenischen Proben unzählige Male: »Den König spielen die anderen.« Ein Kammerdiener hat dem König den kleinsten Wunsch von den Lippen abzulesen und jeden Befehl akkurat auszuführen. Er wird ihm seinen Blick schenken, sein Gehör und ihm nicht zu nahe kommen, eine Frage des Respekts! Umgekehrt wird der König den Diener kaum eines Blickes würdigen. Den König oder die Königin kann man nicht spielen: Ihr Status wird sichtbar durch die Interaktion der Personen, die mit ihnen in Kontakt treten. Abstand! Gehör! Aufmerksamkeit! Wir gewähren den Führungspersonen, den Chefinnen, Ministern, dem Papst und der Primaria sehr viel Raum. Wir wollen im Aufzug möglichst nicht Bein an Bein mit dem Generaldirektor stehen. Wir schenken der Chefin in jedem Fall Gehör, weil die eigene Karriere auch von ihrer Wertschätzung abhängt. Umgekehrt gestehen wir Menschen, die in der Hierarchie der Gesellschaft nicht gut dastehen, eher wenig Raum zu.

Als ich mit 19 Jahren mit meinem Schauspielstudium begann, fiel es mir sehr schwer, in der Mitte der (für mich damals riesengroßen) Bühne des Schlosstheaters Schönbrunn zu stehen und mir selbstverständlich meinen Raum zu nehmen. Mein Körper wanderte während der Szene, die ich gerade spielte, allmählich ans Bühnenportal. Ich wollte mich lieber am Rand anlehnen, als frei in der Mitte zu stehen. Oder ich suchte Schutz in der Nähe meiner Spielpartner. Es brauchte etwas Zeit, bis ich den im Unterricht erarbeiteten Raum auch mit meinem Wesen ausfüllen konnte. Ich musste erst hineinwachsen in meinen großen, schönen Raum. Ich bitte dich also um etwas Geduld mit dir – und um viel Experimentierfreude.

Hemma, die es satthatte, übersehen zu werden, lebte in einem äußerst kleinen Zuhause. Von außen konnte man das unter anderem an ihren angelegten Oberarmen erkennen. Wenn wir uns erlauben, die Flügel auszubreiten und uns Raum zu nehmen, werden wir sichtbar. Dabei spielen die Körperseitenräume eine wesentliche Rolle. Wenn du deine Spannweite erspürst, wirst du wahrscheinlich feststellen, wie viel Platz da zwischen Armen und Oberkörper vorhanden ist. Die Körperseitenräume sind verantwortlich dafür, wie du stimmlich und körpersprachlich deinen Raum einnimmst.

Breite deine Flügel aus!

Flügel aktivieren

Bitte streiche mit der linken Hand von der rechten Handfläche aus die Innenseite deines rechten Armes entlang in Richtung Achselhöhle, das ist sozusagen die Unterseite deines Flügels. Ein paar Mal, sehr achtsam. Dann streiche und taste bitte deine rechte Achselhöhle ab, untersuche ihre Beschaffenheit: Was ist weich und nachgiebig, was sehnig daran? Und nun streiche von der Achsel die rechte Körperseite über Rippen und Flanke entlang bis hinunter zur Beckenseite, das kannst du mit beiden Händen machen. Wiederhole das einige Male. Nun forme mit der linken Hand eine Schale oder eine kleine Schüssel und klopfe damit die Achselhöhle aus. Das darf ruhig hörbar sein. Dann lasse beide Arme locker hängen und vergleiche nun die beiden Körperseiten, den Raum zwischen deinen Armen und dem Oberkörper. Was hat sich durch die Übung verändert? Mehr Platz, Wärme und Helligkeit auf einer Seite? Nun kommt die andere Seite dran, damit du wieder symmetrisch wirst. Bitte spüre dann wieder nach.

Flügel schwingen

Und nun im Stehen: Lasse deine Arme parallel nach vorne und hinten schwingen. Deine Beine dürfen mitmachen, die Kniegelenke geben leicht nach. Lasse den Schwung nach vorne nun etwas größer werden und spüre, wie deine Achselhöhlen sich öffnen und weit werden. Stelle dir bitte vor, dass die Achselhöhlen auch atmen können. Lasse den Atem hörbar nach hinten fließen und atme aus: SCH! Mit jedem Armschwung: SCH! Nimm dann deine Stimme dazu:

SCHO! SCHO! Du atmest durch Nase und Mund ein, eine leichte Mundöffnung bleibt dabei bestehen. Für 10 bis 15 Armschwünge, dann spüre nach. Hast du jetzt mehr Raum unter deinen Flügeln? Fühlst du dich größer und präsenter? Ein Gefühl von Leichtigkeit und mehr Selbstvertrauen kann dabei entstehen.

Seit Jahren arbeite ich mit den denkbar unterschiedlichsten Menschen am Thema Raum und Präsenz. Es geht immer darum, *sich den eigenen Raum zu erlauben*. Den eigenen Raum fröhlich zu bewohnen, stimmlich und körpersprachlich. Sich nicht klein machen zu müssen, auch nicht groß, sondern genau so sein zu dürfen, wie die Natur es für uns vorgesehen hat. Die eigene Armeslänge können wir uns nicht selbst aussuchen, sie ist vorgegeben wie die Augenfarbe, die Form der Ohren und die Körpergröße. Immer wieder habe ich mich gefragt, was uns manchmal dazu zwingt, klein, brav und ach so lieb zu sein.

Anscheinend gibt es Botschaften, gefährlich und unsichtbar wie radioaktive Strahlung: Botschaften, die im Körper hinderliche Spuren hinterlassen, wenn man sie wieder und wieder hört. Sei leise, sagen sie uns. Sei brav! Halte dich zurück, bleibe lieber in der zweiten Reihe! Deine Bedürfnisse sind nicht so wichtig! Sei nicht zu erfolgreich und nicht zu attraktiv! Du gibst mit deinem Talent, deinem guten Aussehen und deiner Intelligenz womöglich an und beschämst damit die anderen! Du darfst nichts für dich verlangen! Wer etwas für sich einfordert, ist egoistisch! Und rücksichtslos! Mit dem Fuß aufstampfen und damit deinen eigenen Standpunkt vertreten, das darfst du nicht! Sonst wird dich keiner mögen! Folgende Zeilen schrieb man einander in den 1980er-Jahren ins Stammbuch:

> Blüh' wie das Veilchen im Moose, still, sittsam und rein,
> nicht wie die stolze Rose, die stets bewundert will sein!

Das heißt übersetzt: Sei nicht so, wie du bist. Du bist uns sonst zu lebendig, zu laut und zu unbequem. Ich möchte an dieser Stelle widersprechen: Bescheidenheit ist keine Zier, wenn es um den Umgang mit den eigenen Bedürfnissen geht! Wer sich selbst klein hält, sich zurücknimmt und sozusagen auf Sparflamme lebt, enthält sich und den anderen damit viel Lebensfreude und Lebendigkeit vor. Ich bin sicher, dass die Mitmenschen dadurch nicht glücklicher werden. Das eigene Potenzial zum Blühen zu bringen und es mit Liebe und Geduld zu pflegen und zu leben – das ist unsere Aufgabe.

Was lässt uns innerlich zurückweichen, warum platzieren wir uns oft in der zweiten Reihe? Durch die Erfahrungen, die wir in den ersten Lebensjahren machen, werden wir stark geprägt. Da werden Weichen für das spätere Leben gelegt oder anders gesagt: Die menschliche Festplatte wird mit grundlegenden Infos bespielt. Wir gewinnen innere Überzeugungen, die unsere Gefühle und damit auch unser Verhalten steuern. Die Psychologie nennt sie *Glaubenssätze*. Sie schlummern meistens im Unbewussten. Gute und hilfreiche Glaubenssätze sind zum Beispiel »Ich bin willkommen« und »Ich bin okay, so wie ich bin«. Damit gehen wir vertrauensvoll und offen in die Welt und es ist einfach, selbstverständlich den eigenen Raum einzunehmen. Leider tragen viele Menschen innere Überzeugungen in sich, die weniger hilfreich sind: »Ich bin nicht willkommen, ich muss mich zurückhalten« oder »Sie werden mich nicht mögen, wenn ich klar meine Meinung sage« oder »Ich muss immer lieb und nett sein, nur dann bekomme ich Zuwendung« (siehe »So vertrittst du deinen Standpunkt« im Kapitel »Körpersprache – Selbstbewusst im Dialog«). Auch: »Ich muss perfekt sein, ich darf keinen Fehler machen, sonst werden sie mit mir schimpfen« gehört zu den negativen Glaubenssätzen. Sie sind häufige Selbstsaboteure, die uns leise und unscheinbar machen – und defensiv!

Womit wir wieder bei Hemma wären. Als ich sie besser kennenlernte, erzählte sie mir, dass ihre Eltern sie als Kind häufig dazu angehalten hätten, leise zu sein. Die Familie wohnte in einer Mietwohnung und die Nachbarn über ihnen mochten keinen »Kinderlärm«. Diese Nachbarn waren die Hausbesitzer. Hemmas Eltern hatten Angst, die Wohnung zu verlieren, wenn sie fröhlich sang oder herumhüpfte, rief oder weinte. »Sei leise!« und »Psst!«, das hörte sie unentwegt. Sie wurde leise. Sehr leise. Sie verlor dabei auch ihren Raum, sie wurde unauffällig, unscheinbar und leider auch unhörbar. Das wirkte sich nachteilig auf ihr Berufsleben aus. Seit 15 Jahren verweilte sie nun schon auf derselben Sprosse der Karriereleiter. Rechts und links war sie von Kollegen und Kolleginnen überholt worden, allesamt nicht besser qualifiziert als sie. Eine Übung half Hemma, ihren Raum zu finden, und das war die Kugel-Übung.

So findest du deinen Raum: die Kugel-Übung

Diese Übung lege ich dir besonders ans Herz!

Kugel-Übung – So viel Platz!

Im Stehen, ausgehend von deiner beweglichen Mitte, dem Grashalm: Bitte stelle dir vor, in einer Kugel zu stehen. Die Kugel umgibt dich im Abstand von einer Armeslänge. Da ist sehr viel Platz! Eine Armeslänge über dir – das ist hoch. Eine Armeslänge Raum hinter dir – etwas, was dich beschützt und wo du dich innerlich anlehnen kannst. Rechts und links von dir – deine ganze Flügelspannweite – da ist viel Raum. Und vor dir – auch das gehört zu deinem Körper. Stelle dir bitte eine wunderschöne licht- und luftdurchlässige Kugel vor. Und nun streiche deine Kugel innen aus. Mit deinen beweglichen Armen und wachen Händen. Du brauchst dazu einen etwas breiteren Stand und bewegliche Beine. Streiche so breit wie möglich, so hoch wie möglich und nach vorne und hinten – so weit du kannst, einige Minuten lang. Dann spüre bitte nach. Nimm dir ausreichend Zeit dafür. Ist ein inneres Bild entstanden, wie sieht deine Kugel aus? Hat sie vielleicht eine Farbe, eine Konsistenz? Nun mach dich bereit für ein Experiment: Komme langsam ins Gehen, geht deine Kugel mit, begleitet sie dich? Kannst du das wahrnehmen? Wie fühlt sich das an? Wie reagiert dein Atem darauf? Und wohin geht dein Blick? Bitte gehe ein paar Minuten mitsamt deiner herrlichen Kugel spazieren. Wie fühlt sich das an? Groß, weit und souverän? Ein Gefühl von Sicherheit kann in dieser Übung entstehen.

Kugel-Übung – Spüre den Unterschied!

Stelle dir vor, du stehst an einer Bushaltestelle und wartest seit Langem auf den Bus. Er kommt nicht. Es gibt kein Taxi und auch keine Sitzgelegenheit, du musst stehen und warten. Erlaube deinem Körper, der Schwerkraft nachzugeben. Spüre aufmerksam hin, wo in deinem Körper dieses Nachgeben stattfindet – viele Kleinigkeiten ändern sich. Wo? Drückst du deine Kniegelenke durch? Verlagerst du das Gewicht auf ein Bein? Sackt dein Oberkörper nach hinten? Sinkt dein Brustbein nach innen und unten? Knickt dein Nacken ein? Kehre nun langsam wieder in deine volle Größe zurück. Was ändert sich? Spiele Detektiv und spüre ganz genau hin. Wenn du hier angekommen bist, gib noch einmal nach, werde noch präziser in deiner Beobachtung. Sammle deine Eindrücke wie Puzzleteile: Das ist meine volle Größe – und so fühlt es sich an, wenn ich nachgebe. Nun bleibe noch in diesem Zustand des Nachgebens: Wie geht es deiner Kugel, wie sieht sie jetzt aus? Ist sie noch immer so schön und groß? Oder hat sie sich verändert? Ist sie kleiner geworden, ist dein Raum geschrumpft?

Video 2:
Mit und ohne Raum

Wenn du diese beiden Räume gut an dir kennst, wirst du selbstverständlich vom einen in den anderen switchen können. Übe bitte beides, so wie eben beschrieben. Wir brauchen nicht immer die volle Größe: Wenn eine Architektin gerade alleine an ihrem Schreibtisch sitzt und einen Entwurf zeichnet, braucht sie sie gerade nicht. Zeigt sie den Entwurf aber den Auftraggebern, braucht sie ihre große, schöne Kugel, ihren Raum, um mit Leichtigkeit kommunizieren zu können.

Abb. 2: die Kugel – dieser Raum gehört mir

Abb. 3: die Kugel – wenn ich nachgebe

Im Kapitel Stimme ab Seite 71 findest du den Abschnitt »Deine Stimme klingt in deinem Raum«. Dazu wirst du erneut deine Kugel brauchen ... dort gehen wir einen Schritt weiter damit.

Wenn wir der Schwerkraft nachgeben, wird der persönliche Raum klein. Es braucht die bewegliche Mitte, um die eigene volle Größe auszufüllen.

TIPP

Nimm deine Kugel mit in jedes wichtige Gespräch, auf die Bühne, zum Rednerpult, in jedes Meeting und in jede Präsentation. Pflege deinen Raum zu Hause, bevor du in die Situation gehst. Erinnere dich körperlich an deine persönliche Kugel. Je besser du sie kennst und je deutlicher dein inneres Bild deiner schönen Kugel ist, desto selbstverständlicher wirst du diesen Zustand von Präsenz abrufen können - und zwar VOR der Situation!

Eine Bekannte, Beate, erzählte mir etwas, das mich nachdenklich machte. Ich möchte vorausschicken, dass Beate von sehr zarter Statur und nicht besonders groß ist. Sie war schon als junge Frau in einer Führungsposition und ist heute CEO eines großen Unternehmens. »Als ich ein junges Mädchen war, hat mein Vater zu mir gesagt, ich solle einen Raum so betreten, dass man sich nach mir umdreht. Das habe ich lange geübt. Als es mir dann gelang, ist es mir viel leichter gefallen, mir Gehör zu verschaffen.«

Präsenz ist harte Arbeit. Das hat John Coustopulos (Actors Studio New York) in einer Method-Acting-Class gesagt, an der ich teilnahm. Ich staunte damals sehr über die Bezeichnung »harte Arbeit«, für mich hat die Eroberung des eigenen Raumes viel mit Freiheitzulassen, mit Vertrauengewinnen und mal Lockerlassen zu tun – im Gegensatz zur

Anstrengung und Mühe, die aus dem Begriff »harte Arbeit« herauszuhören sind. Sie braucht immer wieder Hingabe, Wachheit und Geduld, dein Raum darf langsam wachsen, das ja! Aber diese »Arbeit« wird dir mehr Buntheit und Lebendigkeit schenken und dabei helfen, dich zu entfalten!

Hemma, die lang übersehen worden war, blühte in unseren Stunden auf. »Ich fühle mich groß und schön«, sagte sie. Und: »Plötzlich geht alles leicht.« Und: »Wie meine Stimme klingt! ... Ist das nicht viel zu laut?« Wie eine Person mein Sprechatelier betritt, wie sie die ersten Sätze spricht und sich dabei Raum nimmt und wie die Stimme klingt, bevor wir beginnen zu arbeiten – das ist ausschlaggebend für meine Arbeit. Hemma kam klein und leise hereingehuscht. Ich hatte Mühe zu verstehen, was sie sagte. Wir pflegten ihren Raum und brachten ihre Stimme zum Klingen. Sie staunte und fragte nach, ob das auch tatsächlich in Ordnung sei und ob sie nicht viel zu laut sei. Ich lud sie dazu ein, mit ihrer neuen klangvollen Stimme zu experimentieren und besonders darauf zu achten, wie die Welt draußen auf sie reagiert, wenn sie sich Raum nimmt. Drehen sich ihre Gesprächspartner empört weg oder hören sie ihr zu und die Begegnung kann in einer anderen Qualität stattfinden? Hemma machte ihre Hausübung zuerst nicht im Arbeitsumfeld, sondern beim Einkaufen. Und siehe da: Sie fand Gefallen daran! Sie begann mit ihrem neuen Lebensgefühl zu spielen. In der Bäckerei kam sie nun zeitgerecht an die Reihe. Sie wurde beachtet und positiv aufgenommen. Sie hatte sich, in kleinen Schritten, nun selbst die Erlaubnis gegeben, ihren Raum einzunehmen.

Wichtig für dich: Selbstermächtigung statt Selbstboykott

Es liegt in unseren Händen, die eigene Lebendigkeit willkommen zu heißen und sie zu leben. Vergnügt oder traurig, dankbar, übermütig, zornig oder müde. Wir sind vieles. Meiner Erfahrung nach ist es ein Irrglaube, dass ein Sich-Zurücknehmen, ein Leise-Sein für die Außenwelt eine Bereicherung ist. Bitte denke an eine Person, die du kennst, die klangvoll und unübersehbar auftritt. Die laut lachen kann. Wenn sie den Raum betritt, schauen wir sofort hin. Wenn sie spricht, hören wir gerne zu. Fühlst du dich dadurch eingeschränkt? Oder überträgt sich die Beweglichkeit, Leichtigkeit und Freiheit auch auf dich?

Ich bin überzeugt davon, dass es schön für deine Gesprächspartner ist, wenn du deinen Raum bewohnst. Als ich Hemma kennenlernte, sprach sie so leise, dass ich nah an sie herankommen musste, um sie überhaupt hören zu können. Ich wendete mich ihr vorsichtig und mit größter Aufmerksamkeit zu. Vorsichtig, weil sie in ihrem kleinen Zuhause fragil wirkte und ich sie keinesfalls verletzen wollte. Je mehr Hemma an Spielraum gewann, desto freier konnte auch ich mich im Dialog mit ihr bewegen. Humor hatte plötzlich Platz und wir lachten gemeinsam.

Erlaube dir deine Präsenz! Den Raum, die Freiheit und Lockerheit, die du dir selbst zur Verfügung stellst, schenkst du ganz selbstverständlich zugleich den anderen.

Deine Gesprächspartner dürfen sich nun frei fühlen, weil es dir ohnehin gut geht. Du bist mühelos hörbar, auch das ist angenehm für alle Beteiligten. Möchte eine Kollegin während deiner Präsentation eine Frage stellen oder eine kleine Pause für alle vorschlagen, so wird sie es tun. Niemand muss vorsichtig mit dir sein, du bist sicher bei dir in deinem Raum.

Was haben Beate Meinl-Reisinger, Moritz Bleibtreu,

Madonna, Barack Obama und Meryl Streep gemeinsam? Sie nehmen sich ihren Raum. Sie vertreten ihren Standpunkt. Sie erlauben sich, im Fokus zu stehen. Sie zeigen sich. Sie brauchen kein »Du darfst das« von außen. Sie haben aufgehört – wenn sie es je waren –, brav zu sein. Das hat mit Selbstermächtigung zu tun: sich erlauben, die eigenen Ideen und Meinungen mit authentischer Begeisterung, frei und klangvoll, zu übermitteln. Ich lade dich herzlich dazu ein!

3.

Atem – Wunder und Geschenk

Der erste Atemzug – wie sehr hoffen alle Eltern der Welt, er möge gelingen. Die kleine Lunge möge sich auffalten und atmen! Ein heikler Augenblick: Die Zeit bleibt stehen, mit ihr hält das Herz der Mutter inne, kein Wort fällt, alle Augen sind auf das Baby gerichtet ... bis der schönste Schrei sich seinen Weg durch die Luft bahnt. Dieser für mich unvergessliche Moment des ersten Atemzuges meiner Tochter hat mich tief berührt, ja, ich hatte das Gefühl, ein heller Lichtstrahl käme vom Himmel auf mein Töchterchen herab. Nie zuvor habe ich so gestaunt, nie zuvor habe ich ein Geschenk dieser Dimension empfangen. Obwohl ich meinte, meine katholische Erziehung, meine Schulzeit bei den Ursulinen hinter mir gelassen zu haben, suchte ich nach einem Hinweis ... und fand ihn in der Bibel: »Da machte Gott der Herr den Menschen aus Staub von der Erde und blies ihm den Odem des Lebens in seine Nase. Und so ward der Mensch ein lebendiges Wesen.« (1. Mose 2,7) Den Odem, den Atem!

Wir können mittlerweile Gelenke aus Platin herstellen und Häuser bauen, die sechsmal so hoch sind wie der Stephansdom. Wir können Herzen transplantieren, ungeborene Kinder im Mutterbauch operieren und im Weltraum herumspazieren. Wir können feinste chemische Prozesse im Körper dahingehend beeinflussen, dass eine tödliche Krankheit doch nicht tödlich verläuft. Und in Millisekunden schicken wir Nachrichten ans Ende der Welt. Aber einem toten Vogelküken Leben schenken, das können wir nicht. Es fällt aus dem Nest und das war's. Wir können mit einer Eizelle und Samenzellen eine Befruchtung anregen und Leben einladen zu kommen – aber nur einladen. Die Eizelle herstellen, das können wir nicht, auch das Spermium nicht. Die geballte DNA-Info ist kostbar. Der Lichtstrahl, der vom Himmel auf meine Tochter strahlte, liegt nun schon einige Jahre zurück, sie macht gerade ihren Führerschein. Die Frage nach dem großen Warum bleibt – immer wieder neu und meistens unzureichend beantwortet – ein Leben lang offen. Wir können das fragile und zugleich machtvolle Leben nur dankend annehmen: Leben ist ein Geschenk. Der Moment, in dem der erste Atemzug getan wird, ist ein Geschenk. Atem ist ein Geschenk! Tausende Male an jedem Tag.

Dein Atem: Mach das Tor auf!

Dein Atem versorgt dich nicht nur mit lebenswichtigem Sauerstoff, er ist nebenbei auch noch ein essenzielles Kommunikationsmittel. Er ist das Medium, in dem deine Stimme zu Klang wird, über die artistische Beweglichkeit im Mund- und Rachenraum zu Lauten geformt wird und in weiterer Folge als Sprache über die Luft zu den Ohren deiner Gesprächspartner fließt. Hier angekommen, werden die Schwingungen in elektrische Impulse übersetzt und an das Gehirn weitergeleitet, verstanden und gefühlt.

Bilder entstehen lassen 1

Bitte stelle dir folgende Situationen vor und nimm dir Zeit, die Bilder in deinem Kopf entstehen zu lassen.

1. Du holst eine Freundin oder einen Freund vom Bahnhof ab, du hast die Person schon lange nicht mehr gesehen und freust dich sehr auf das Wiedersehen. Endlich entdeckst du sie am Bahnsteig und gehst ihr entgegen. Wie reagierst du darauf, was macht dein Atem?
2. Es ist Sommer und du sitzt bei geöffnetem Fenster am Schreibtisch. Da fliegt ein wunderschöner Schmetterling zum Fenster herein. Er tänzelt in der Luft und lässt sich dann vor dir nieder. Wie reagiert dein Atem darauf?
3. Du beugst dich über einen Kinderwagen: Ein hübsches Baby schaut dich neugierig an und lächelt. Was macht dein Atem?

Was haben diese drei Situationen gemeinsam? Wie reagierst du und welche Rolle spielt dein Atem dabei, was ist dir aufgefallen? Öffnest du leicht den Mund, atmest du ein? Machst du die (Sinnes-)Tore zur Welt auf, öffnest du auch deine Augen und Ohren?

Bilder entstehen lassen 2

Noch einmal drei Situationen für dich:

1. Du kommst zu spät zu einem wichtigen Termin. Du hast dich beeilt, trotzdem mussten mehrere Leute auf dich warten. Du trittst ein und jemand sagt: »Na toll! Weißt du, wie lange wir schon auf dich warten?« Wie reagierst du darauf? Bitte achte auf deinen Atem.
2. Du bist zum Essen eingeladen. Leider gibt es ein Gericht, das du überhaupt nicht magst. Die Gastgeber laden eine Riesenportion davon auf deinen Teller. Was macht dein Atem?
3. Du fährst mit dem Zug. Neben dir ist ein Platz frei. Eine Person kommt und setzt sich neben dich, sie riecht nicht gut … es ist kaum auszuhalten. Atmest du ein oder aus?

Was haben diese Situationen gemeinsam? Du atmest aus und schiebst den unerfreulichen Eindruck mit dem Ausatmen von dir weg, nicht wahr? Du verschließt deine (Sinnes-)Tore, machst den Mund zu und möchtest nichts hereinlassen.

Kontakt entsteht über deinen frei fließenden Atem

Unser Körperinstrument ist äußerst klug, es macht immer, im eigenen Ermessen, das Bestmögliche, um uns vor Gefahren zu schützen und vor etwaigen Angriffen oder Verletzungen zu bewahren: Tür zu! Das geschieht auch über den Atem: Mund zu!

In der Begegnung mit unseren vertrauten Lieben sind Atem und Stimme meist kein Thema. Der Atem fließt weich und tief und die Stimme klingt von allein. Wir brauchen keine schützende Abgrenzung, das (Atem-)Tor bleibt offen: Wir gehen bereitwillig in Kontakt, ohne darüber nachzudenken. Wir teilen gerne einen (Atem-)Raum mit den Liebsten, wir atmen dieselbe Luft. Vertrauen ist da. In Wohlfühlsituationen sind wir alle Atem- und Stimmprofis.

Berufliche Situationen sind leider so gut wie nie absolute Wohlfühlsituationen. Wann fühlen wir uns schon herzlich angenommen, warm umarmt, anerkannt und vertrauensvoll willkommen geheißen? Konkurrenz und Leistungsdruck stehen häufig im Raum und sind stumme Engmacher, stumme Türschließer. Nach jedem Satz verschließen wir womöglich die Lippen und schnappen (hörbar) nach Luft. Dadurch werden wir nur unzureichend mit Einatemluft versorgt, sie landet vor allem im oberen Bereich des Brustraumes. Hochatmung nennt man diesen Modus, häufig erkennt man sie an einer Aufwärtsbewegung der Schultern auch von außen. Der Ausatem wird dadurch zurückgehalten und der neue Einatem hat zu wenig Platz. Ein unangenehmes Gefühl von Beklemmung und Beengung kann entstehen. Nach wenigen Minuten einer Präsentation sehnen wir uns vielleicht schon nach dem Ende und ringen nach Luft.

Der gut gemeinte Tür-zu-Modus des Körpers soll dich vor möglichen unangenehmen Begegnungen, Situationen oder Fragen schützen, die du womöglich nicht beantworten kannst. Er funktioniert perfekt als Boller, Mauer und Fensterladen. Er hält die Anwesenheit einer unfreundlichen Person oder etwaige Kritik auf Distanz. Durch die geschlossene Tür kann das alles gar nicht an dich herankommen. Sollen wir nun aber trotzdem in Dialog treten – ein Gespräch führen, uns im Meeting einbringen oder eine Präsentation halten –, so ist diese Schutzfunktion des Körpers kontraproduktiv. Sie bremst deine Kommunikation in beide Richtungen: Wenn die Fensterläden dicht sind, geht auch nichts hinaus. Durch die geschlossene Tür kann man keine Inhalte schenken.

Der Willkommens-Modus: Was du tun kannst, um in Dialog zu gehen

Gehe bewusst in Kontakt zu deinen Gesprächspartnern über den Atem. Lasse deinen Kiefer locker und bleibe, wenn du sprichst, über eine leichte Mundöffnung in Verbindung zu deinem Gegenüber. Lasse das Tor offen!

Wenn du in eine hitzige Diskussion zu einem interessanten Thema gerätst, wirst du die Argumente deiner Gesprächspartnerin über deinen leicht geöffneten Mund annehmen. Nonverbal übermittelst du die Botschaft, dass du für alles offen bist, was dein Gegenüber sagt, und es aufnehmen kannst. Schließt du deinen Mund, so wird deine Gesprächspartnerin unbewusst das nonverbale Signal empfangen, dass es dich nicht interessiert, was sie sagt. Hier greifen Körpersprache und Atem wie Zahnräder ineinander.

Abb. 4: Verbindung über den Atem – geschlossen

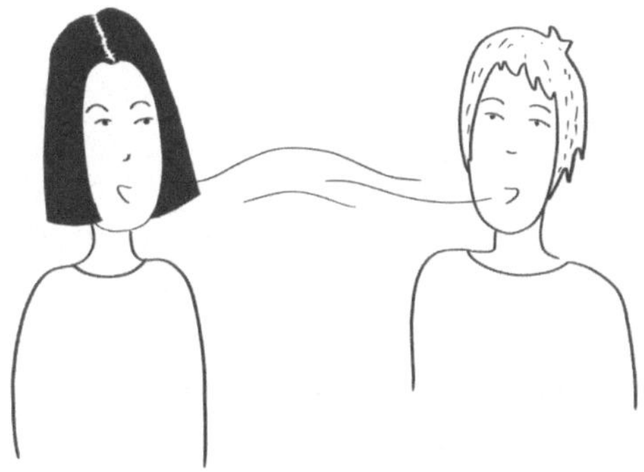

Abb. 5: Verbindung über den Atem – offen füreinander

Oft verhindert ein Zuviel an Muskelspannung im Kieferbereich das Lockerlassen des Unterkiefers und damit das mühelose Geschehenlassen des Einatemreflexes, über den du gleich mehr erfahren wirst. Spüre bitte einmal hin: Kannst du deinen Unterkiefer einfach hängen lassen? Kannst du das kleine Gewicht des Unterkiefers spüren? Könntest du ihn auf eine maßgeschneiderte Waage legen und abwiegen? Wenn das schwierig ist, dann sind hier drei kleine Lockerungsübungen für dich.

Kiefer locker lassen: deine Eintrittskarte für frei fließenden Atem

1. Lege deine Fingerkuppen vor die Ohren auf die Wangen (auf die Kiefergelenke) und streiche mehrmals leicht und angenehm über die Wangen bis zum Kinn. Seufze dabei herzhaft.
2. Lege nun die Fingerkuppen auf die Mitte der Wangen und massiere die Wangenmuskulatur: kleine Kreise in beide Richtungen.
3. Nun sprich bitte ein sehr bewegliches UA-UA-UA. Lasse deinen Unterkiefer dabei locker auffallen, ähnlich wie beim Gähnen.

TIPP

Staune bitte einmal, stelle dir etwas Tolles vor! Was passiert? Ein kleiner Abstand zwischen den Lippen entsteht, eine kleine Mundöffnung. Das ist die Dialog-Einstellung, die du brauchst, wenn du sprichst. Diesen Zustand bitte ich dich zu beherzigen und ihn dir körperlich zu merken. Erinnere dich daran, wenn du beginnst zu sprechen.

Deine Worte, Inhalte und Ideen können auf diese Weise ungehindert von dir zu deinen Gesprächspartnern gelangen. Der Weg ist nun offen für alles, was du zu sagen hast. Damit wird müheloses Kommunizieren möglich. Die Leichtigkeit, die du dir damit zur Verfügung stellst, wird für dein Gegenüber spürbar sein. Ich lade dich nun ein, mit deinem wichtigen Kommunikations-Tool, dem Atem, zu experimentieren. Ich nenne das »In Verbindung, in Kontakt gehen über den Atem«. Dein Zwerchfell spielt dabei eine wichtige Rolle.

Dein Zwerchfell: Trampolin zum Absprung für alles, was du zu sagen hast

Atem-Experiment für dich

Bitte stelle dir vor, du müsstest eine Kerze, die einen Meter entfernt vor dir steht, ausblasen. Das ist ganz schön weit! Da brauchst du Entschlossenheit. Spitze die Lippen und versuche einige Male, diese imaginäre Flamme auszublasen.

Und nun eine Frage an deinen Körper: Wie kommt dabei dein Einatem? (Mit Einatem ist die Luft gemeint, die in deinen Körper fließt.) Lege nun eine Hand auf den Bauch an den Rippenrand und versuche noch mal, die imaginäre Kerze auszublasen. Spüre genau hin.

1. Bitte schließe nun nach dem Pusten bewusst den Mund. Einige Male.
2. Und nun lasse nach dem Ausblasen eine kleine Mundöffnung bestehen. Mache dies wieder mehrmals.

Was fühlt sich besser an? Du kannst das Ganze auch mit einer Silbe versuchen: Hopp! Hopp! Hopp!

Zweifellos wird sich die erste Variante unangenehm für dich anfühlen, während sich die zweite Möglichkeit hingegen mühelos, angenehm und leicht anfühlt.

Input Anatomie

Das Zwerchfell ist am unteren Brustkorbrand rundum befestigt und schließt den Brustraum nach unten hin ab. Nur die Speiseröhre geht durch die Lunge in den Bauchraum. Das Zwerchfell ist unser Haupt-Atemmuskel, eine bewegliche Muskel-Sehnen-Platte. Es senkt sich mit dem Einatmen in den Bauchraum, ein Unterdruck entsteht und die Lunge wird dadurch nach unten gezogen: »Es« atmet ein. Dann entspannt sich das Zwerchfell wie ein weicher Ballon weit in den Brustraum hinein: »Es« atmet aus. Auf der Herzseite ist diese Bewegung etwas kleiner. Die Atem-Hilfsmuskulatur an den Rippen unterstützt dabei. Im Idealfall weichen die unter dem Zwerchfell liegenden Organe sanft aus, sie machen Platz für die Einatem-Bewegung. Das kann man sogar von außen sehen: Die Bauchdecke hebt sich und die Flanken weiten sich leicht in die Seiten. Auch in den Rücken breitet die dreidimensionale Atembewegung sich aus. Unsere Organe werden durch die Atembewegung des Zwerchfells passiv bewegt und massiert. Wollen wir etwas sagen, so tun wir das immer mit dem Ausatmen. Der Ausatem fließt durch die Luftröhre nach oben, versetzt die Stimmlippen im Kehlkopf in Schwingung und in Mund-, Rachen- und Nasenraum entsteht Klang – deine Stimme.

Ruhe-Atmung: gemütlich auf dem Sofa

Langsam und ruhig kommt der Einatem, genauso langsam und ruhig geht der Ausatem – und dann folgt eine Pause! Dieser Moment nennt sich Atemruhe. Bis von alleine nun ein neuer Einatem in dich fließt – langsam und ruhig. Es gibt also drei Phasen: Einatem, Ausatem- und Atemruhe. Liegst du gemütlich am Sofa, liest ein Buch, hörst Musik oder schläfst, so bist du im Modus der Ruheatmung. Beim Sprechen brauchen wir keine Atemruhe und auch keinen langsamen Einatem. Das Gespräch würde erlahmen und stecken bleiben wie eine Schnecke auf trockenem Boden.

Dialog-Atmung

Dein Zwerchfell ist in der Lage, sportliche Höchstleistungen zu vollbringen: In 0,4 Sekunden federt es in den Bauchraum und schenkt dir neuen Einatem. Im Atem-Experiment auf Seite 51 hast du es vielleicht schon ausprobiert. Diese rasante Einatem-Geschwindigkeit wird bewerkstelligt über den Einatem-Reflex. Bestimmt kennst du den Knie-Reflex-Test mit dem Hämmerchen? Es ist beeindruckend, wie das Bein nach vorne schnellt. Das Zwerchfell arbeitet ebenso zackig, damit du während des Sprechens nicht aus der Puste kommst. Sogar innerhalb eines Satzes bekommen wir mehrmals – mühelos und unhörbar – neuen Atem *geschenkt*.

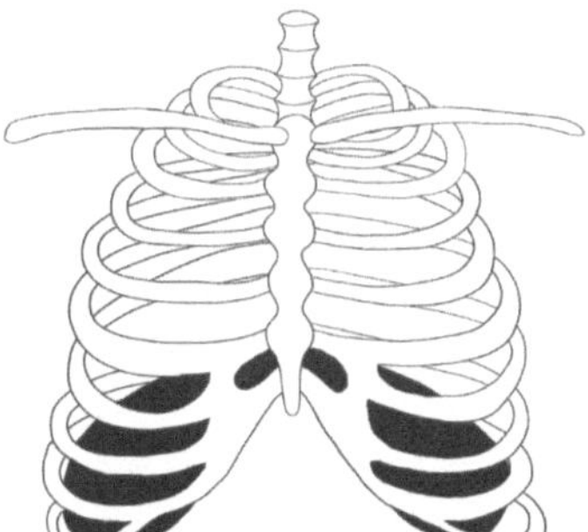

Abb. 6: das Zwerchfell – beim Ausatmen (hoch)

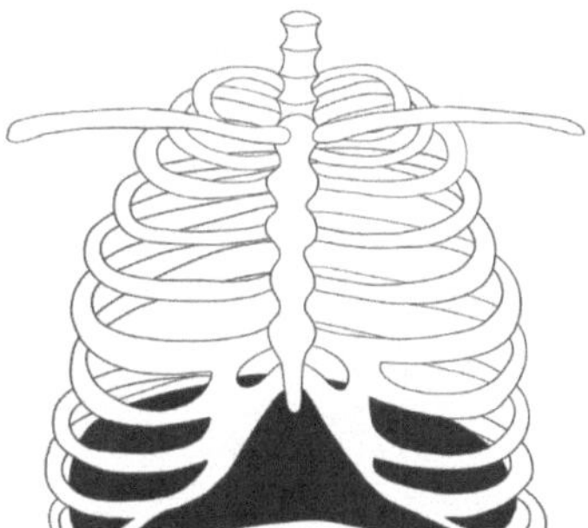

Abb. 7: das Zwerchfell – beim Einatmen (tief)

Hier ein Beispielsatz für dich aus einer Präsentation vor einem Leading-Team einer größeren Firma: »Was das Verschwinden von Klopapier in Firmen mit der Zufriedenheit der Mitarbeiterinnen und Mitarbeiter und dem Betriebsklima zu tun hat, darum geht es in meiner heutigen Präsentation.« Sprechen wir einen Satz in dieser Länge in einem durch, so werden wir am (herbeigesehnten) Ende geräuschvoll nach Luft schnappen müssen. Der Einatem sollte stattdessen innerhalb eines längeren Satzes mehrmals reflektorisch kommen: »Was das Verschwinden von Klopapier in Firmen – reflektorischer Einatem – mit der Zufriedenheit der Mitarbeiterinnen und Mitarbeiter zu tun hat – reflektorischer Einatem –, darum geht es in meiner heutigen Präsentation.«

Während des Denk-Sprech-Prozesses sucht der Sinn sich seinen Atem. Oder umgekehrt: Der Atem formt Sprech-Sinn-Portionen, die im körpereigenen Rhythmus formuliert werden. *Wir müssen uns nicht beeilen, wir können nur so schnell sprechen, wie das Herz schlägt, wie das Zwerchfell federt und die Inhaltsbilder vor dem inneren Auge ihre Slideshow performen.*

Um dieses Sprechtechnik-Tool zu erobern, braucht es ein wenig Training. Diesen für deine Kommunikation essenziellen Atemvorgang zu verstehen, ist der erste Schritt. Ihn körperlich zu begreifen und zu »beherzigen«, der logische nächste. Ich nenne es »Das Zulassen des reflektorischen Einatems«. Dein Zwerchfell spielt dabei die prominente Hauptrolle.

Zwerchfelltraining: fit für deinen Dialog

Wie jeder Muskel möchte auch das Zwerchfell liebevoll trainiert werden. Auch hier ist, wie in jeder Sportart, Fitness gefragt.

Die beiden Kerzen-Übungen von Seite 51 und auch die HOPP-Übung sind bereits zum Training des Zwerchfells geeignet:

1. Kerze ausblasen
2. HOPP! HOPP!
3. Lasse Silben wegfliegen: Schnipp! Wapp! Fitt!

Bitte das Lockerlassen des Unterkiefers nach jeder Silbe nicht vergessen, die kleine Mundöffnung darf immer bestehen bleiben!

Nimm diese Erfahrung nun mit ins Sprechen. Ich habe hier ein dreizeiliges japanisches Gedicht, ein Haiku, für dich aufgeschrieben. Lenke deine Aufmerksamkeit auf den *reflektorischen Einatem (REA)* am Ende der Zeile.

Sogar mein Schatten (REA)
ist durch und durch gesund (REA)
an diesem Frühlingstag.

Video 3:
In Dialog gehen über den Atem

Jede Kuh muht ihr wunderbares »Muuuh!« auf diese Art, sie würde niemals nach ihrem Ruf die Lippen schließen und nach Luft schnappen. Jedes Baby weint herzzerreißend: Es lässt den Mund nach dem Schrei leicht geöffnet, um blitzschnell – reflektorisch – neuen Einatem zu empfangen. Und schon kommt der nächste sehr überzeugende Schrei, unüberhörbar!

Unsere Freunde und Freundinnen, die anderen Säuger, funktionieren ähnlich wie wir Menschen. Von Zwerchfell zu Zwerchfell überträgt sich direkt und unmissverständlich ihr Ruf, ihr Schnauben, Jaulen, Miauen oder Bellen.

Bestimmt hast du im Radio oder im Fernsehen schon mal einen Sprecher oder eine Sprecherin gehört, deren Sprechweise dir unangenehm war. Meistens liegt das am hörbaren Nach-Luft-Schnappen. Menschen sind mit so guten Sinnen ausgestattet, wir hören, sehen und spüren sehr viel voneinander. So überträgt sich auch eine unangenehme Sprechtechnik auf die Zuseher und Hörer. Das geschieht unbewusst und wir wissen meistens nicht so genau, woran es liegt, dass wir dieser Person nicht gerne zuhören. Wir glauben oft, dass uns das Thema einfach nicht interessiert oder die Person unsympathisch ist. Dann wechseln wir den Sender oder hören weg. Oft ist der gebremste Einatem der Grund für die unangenehme Sprechweise.

TIPP

Für dein nächstes wichtiges Meeting oder deine nächste Präsentation: Lasse bewusst deinen Kiefer locker, wenn du sprichst, und gehe so in Verbindung zum Raum und den anwesenden Leuten über deinen Atem. Deine Worte können nun direkt in den Ohren und Herzen deiner Gesprächspartner landen. Wage den Schritt nach vorne, mache das Tor auf. Es wird nun müheloser sein, lange zu reden, und wahrscheinlich wird man dir gerne zuhören. Was für dich selbst leicht und angenehm ist, ist es auch für deine Gesprächspartner.

Atemproblem: Ich bekomme zu wenig Luft!

Ein eleganter Herr namens Michael kam mit dem Anliegen, er wolle besser sprechen lernen, zu mir ins Sprechatelier. Er arbeite als Kurator für ein Museum, teilte er mir mit. Es wäre seine Aufgabe, bei Ausstellungseröffnungen vor den Besuchern und Besucherinnen zu sprechen, er müsse dabei einige Leute persönlich begrüßen und eine Einführung in die Ausstellung geben. Er wäre inhaltlich sicher, aber vor Publikum über seine Inhalte zu sprechen, fiele ihm schwer: Er hätte das Gefühl, nicht genug Luft zu bekommen. Er wisse nicht, wann und wie er atmen solle, und hätte ein unangenehmes Gefühl von Enge in der Brust. Seine Stimme werde im Laufe seiner Rede leiser und das verursache Stress. Es wäre sehr anstrengend und unerfreulich für ihn. Seine Arbeit mache ihm Spaß, nur die Ausstellungseröffnungen wären schlicht ein Albtraum für ihn.

Während er mir von diesen Sorgen erzählte, schloss er nach jedem Satz die Lippen und atmete dann durch den nun schnell wieder geöffneten Mund hörbar ein, er schnappte nach Luft. Er machte, sogar als er über die unangenehme Situation sprach, das Tor zur Welt zu. Er behielt dadurch viel Luft bei sich, er atmete zu wenig aus und der neue Einatem hatte schlichtweg nicht genug Platz. Es entstand ein Atemstau. Die Enge, von der er mir erzählte, wurde sicht- und hörbar. Er rang nach Luft. Michael versuchte, die unangenehme Situation nicht an sich heranzulassen, indem er sein Atemtor möglichst häufig zumachte. Er ging nicht in Verbindung zu seinem Publikum. Verständlich, aber keine erfolgreiche Strategie.

Wir arbeiteten am Zulassen der reflektorischen Einatmung (siehe Seite 54). Michael hatte am Anfang die Befürchtung, die leichte Mundöffnung könne unvorteilhaft aussehen, und sagte: »Ich habe das Gefühl, es regnet mir in den Mund hinein. Das sieht sicher seltsam aus, oder?«

Ich bat ihn, die Zwerchfell-Übungen (Seite 55) vor dem Spiegel zu machen und zu kontrollieren, ob es tatsächlich seltsam aussehen würde. Er war überrascht, seine Wahrnehmung deckte sich nicht mit dem, was er vor sich sah. »Das sieht ja ganz normal aus, das sind ja nur ein paar Millimeter!«, meinte er. Er hätte nicht gedacht, dass es so einfach wäre und dass sich Sprechen so leicht anfühlte. Nun ging es darum, seine Gewohnheit umzustellen. Siehe dazu bitte das Kapitel über die bewegliche Mitte – »Gewohnheiten verändern, bitte habe Geduld mit dir« auf Seite 24.

Michael wurde ein Meister im verspielten Experimentieren. Er schimpfte nicht mit sich, sondern lobte seine – anfangs langsamen – Fortschritte. Er machte seine Übungen und der Transfer in den Alltag funktionierte zunehmend besser. Natürlich arbeiteten wir parallel an Körpersprache und Stimme. Vor einem Telefongespräch nahm er seine bewegliche Mitte ein (siehe »So findest du deine bewegliche Mitte«, Seite 17) und ließ bewusst seinen Unterkiefer locker. Er hatte einen Namen für seinen neuen Atemmodus: »Leicht und frei«. Seine nächste Ausstellungseröffnung klappte schon viel besser und den nächsten blickte er mit Zuversicht entgegen. Den Einatem-Reflex geschehen lassen zu können, ist ein wesentliches Thema im Bereich der Sprechtechnik. Den Atem einzuladen, sich in seiner dreidimensionalen Bewegung frei im Körper auszubreiten, ist ebenso wichtig (siehe Kapitel über unsere Stimme, Seite 71). Im Folgenden findest du zwei Übungen, die Michael dabei halfen, seinen Atem bewusst wahrzunehmen und zu vertiefen. Zuvor aber möchte ich dich etwas über ihren Ursprung wissen lassen.

Atemtraining: über Atem-Tonus-Ton

Viele der Übungen, über die ich hier schreibe, kommen aus der körperorientierten Stimmpädagogik-Methode Atem-Tonus-Ton.

Die renommierte Atemtherapeutin und Begründerin der Methode Maria Höller-Zangenfeind schreibt in ihrem Buch »Stimme von Fuß bis Kopf«, dass ihre Methode ein körperlich-seelischer Weg sei, um die Stimme zu entfalten: »Auf die Entdeckung der eigenen Kräfte, Körperräume, klanglichen Färbungen und seelischen Anteile wird großer Wert gelegt. Mit Atem-Tonus-Ton kann sich jeder Mensch eine Brücke zwischen Körper und Stimme bauen. Ungenutzte Kraftquellen und Resonanzräume erschließen sich. Eine physiologische Ordnung befreit den Kräfteverlauf und macht das Sprechen (…) selbst für Profis leichter. Auch bei großen Leistungen bleibt der Atem natürlich und zugelassen. Die damit einhergehende Entlastung der Stimmorgane hat heilende Effekte …«

Seit Jahren arbeite ich mit meinen Klientinnen und Klienten mit Übungen dieser Methode und habe sehr gute Erfahrungen damit gemacht. Sie führen uns über die »Sammlung« wie Maria Höller-Zangenfeind das Innehalten und Hinspüren nennt, zu einer enormen Verbesserung der Selbstwahrnehmung, zum Geschehen-Lassen des Atems und daraus zu mühelos klangvollem Sprechen und Singen.

Atem-Tonus-Ton zielt nicht nur auf einzelne Aspekte des »Schönsprechens« oder des unmittelbaren Sprechapparates ab, sondern stellt den gesamten Körper in den Mittelpunkt.

Zwei wichtige Atem-Übungen für dich

1. ***Becken und Beine streichen:*** Diese Atem-Übung schenkt dir einen tieferen Einatem.

   Im Stehen: Klopfe mit lockeren Händen leicht deine Beckenseiten und dann weiter nach hinten zum Kreuzbein und wieder zurück, jetzt nach vorne zu den Leisten und wieder zu den Beckenseiten. Dadurch wird die Atembewegung eingeladen, sich auszubreiten. Mache das einige Male. Nun lege deine Handflächen auf die Beckenseiten und streiche die Beine außen hinunter, die Hosennaht entlang bis zu den Sprunggelenken. Gehe dabei in die Hocke und lasse deinen Kopf locker nach unten hängen. Nun streiche über die Sprunggelenke nach innen und dann über die Innenseite der Beine (wieder die Hosennaht entlang) nach oben, weiter über die Leisten und wieder zurück zu den Beckenseiten. Der Unterkiefer bleibt dabei locker und eine leichte Mundöffnung bleibt bestehen. Wiederhole das einige Male. Nun atme hörbar aus: In der Bewegung zurück nach oben machst du SCH-SCH-SCH, der Einatem kommt während der Abwärtsbewegung durch Mund und Nase von selbst. Nach einigen Wiederholungen kannst du deine Stimme dazu nehmen: Töne am Weg zurück ins Stehen ein HOOO.

Das Zwerchfell ist durch zwei Muskelstränge mit dem Kreuzbein und durch weitere zwei Muskelstränge mit der Innenseite der Oberschenkel verbunden. Gehen wir in die Hocke oder heben wir das Bein, so wird das Zwerchfell nach unten gezogen und wir atmen tief ein.

2. ***Selbstwahrnehmungs-Übung – Atemwelle:*** Diese Übung brachte Michael mehr Atemweite und verbesserte sein Bewusstsein für das Atemgeschehen.

   Setze dich bequem aufgerichtet auf einen Stuhl. Lege eine Hand auf die folgenden Stellen deines Körpers, spüre die Bewegung des Atems – ohne etwas zu wollen – jeweils für 10–15 Atemzüge. Durch die Berührung wird die Atembewegung eingeladen, sich auszubreiten. Lausche dem Weitwerden der Körperwände beim Einatmen und dem Zurückschwingen beim Ausatmen.

   - auf die Bauchdecke (gerne beide Hände)
   - an eine Seite unter den Brustkorb
   - unter ein Schlüsselbein auf die Brust
   - unter eine Achsel seitlich an den Brustkorb
   - auf das Kreuzbein
   - in eine Leiste
   - wieder auf die Bauchdecke

Wie hat sich deine Atembewegung verändert, ist sie nun tiefer in Bauch und Becken spürbar? Auch ein Gefühl von Ruhe und Sicherheit kann entstehen.

Michael war sehr überrascht, wie leicht sich Atmen und Sprechen anfühlen kann. Er hatte immer das Gefühl gehabt, er müsse sich anstrengen und er müsse etwas leisten! Sein Atem würde sonst bestimmt nicht ausreichen! Das Atemgeschehen ist komplex und wunderbar. Wir können es nicht »tun« oder »leisten«. Je mehr wir uns anstrengen, besonders tief einzuatmen, »richtig« zu atmen oder nach jedem Satz zu atmen, desto mühsamer und unangenehmer wird es.

TIPP

Wir können das Atemgeschehen nur in Ruhe lassen. Den Atem geschehen lassen. Wenn du ihm Raum und Beweglichkeit zur Verfügung stellst, wird mehr Wohlgefühl und Offenheit entstehen. Damit gehst du sicherer auch in herausfordernde Situationen.

Verben mit »lassen« helfen uns dabei, den Atem fließen zu lassen: loslassen, zulassen, lockerlassen, geschehen lassen. Und noch etwas: Vertrauen.

Du kannst deinem Körper aus guten Gründen liebevolles Vertrauen entgegenbringen, denn er kann alles – ohne dein Zutun: verdauen, denken, greifen, husten, gehen, schauen, herzklopfen, sich bücken, gurgeln, rennen, hüpfen, lachen … und atmen!

Wenn wir schlafen, atmen wir wie Weltmeister, wir denken gar nicht darüber nach. Verlieren wir das Bewusstsein, geschieht das Ein- und Ausatmen in der passenden Dosis von selbst. Wir kontrollieren nichts und beeinflussen nichts – wir lassen geschehen. Vertrauen also! Vertrauen und dem Atemgeschehen nichts in den Weg stellen, damit es so leicht und frei ablaufen kann, wie es der Körper ohnehin von allein macht, wenn wir ihn nicht daran hindern.

Was schränkt die freie Atembewegung ein?

Zwei Dinge sind es, die sich negativ auf das Atemgeschehen auswirken: *zu hohe Muskelspannung* (Anspannung) und *zu geringe Muskelspannung* (eine eingesunkene Haltung).

Beide bringen häufig mit sich, dass wir die Arme eng an den Oberkörper anlegen oder die Kniegelenke durchdrücken (siehe »So findest du deine bewegliche Mitte«, Seite 17).

Die Atembewegung ist dreidimensional: Der Brustraum

weitet sich nach vorne und hinten, nach oben und unten und in seine beiden Seiten. Mit dem Ausatmen schwingt er wieder zurück. Die Rippen sind sehr beweglich. Wenn du vorsichtig den Brustkorb einer Katze betastest, wirst du spüren, wie nachgiebig, wie biegsam so ein Brustkorb ist. Wir sind mit einem Atem-Wunderwerk beschenkt. Unermüdlich klopft das Herz und wir atmen ohne unser bewusstes Zutun.

Zu viel Anspannung wirkt sich negativ auf die freie Atembewegung aus. Ein Festhalten der Bauchmuskulatur zum Beispiel begrenzt den Bewegungsraum des Zwerchfells: Die Körperwände geben der Ausweichbewegung der Organe, die unter dem Zwerchfell liegen, nun weniger nach und wir atmen flach. Die Beweglichkeit des Atemraumes ist ausschlaggebend für unser Wohlbefinden! Lassen wir die Brust einsinken, in einer müden und schlappen Haltung beispielsweise, so gibt das Brustbein nach innen und unten nach und der Atemraum wird wiederum kleiner. Das ist ungünstig, weil der Einatem nun wenig Platz hat, um sich auszubreiten. Legen wir die Oberarme eng an die Rippen, so begrenzen wir die Atembewegung in die Seiten – wieder wird sie kleiner!

Bestimmt hörst du nun schon heraus, womit wir uns helfen können: Beweglichkeit! Hier eine Übung für dich, die den Brustkorb als Atemraum lockert und weitet.

Die 3D-Brustraum-Übung – für deinen herrlich weiten Brustraum

Im Sitzen: Komme in deine bewegliche Mitte und lasse deine Arme locker hängen. Dehne und weite nun deinen Brustraum in seine Vorderseite hinein: Gib dabei der Einatem-Bewegung nach und hebe die Brustvorderseite leicht nach vorne-oben. Die Rippen werden dabei sanft nachgeben, der Abstand zwischen den Rippen wird etwas größer. Das Becken begleitet diese Bewegung und kippt leicht nach vorne. Mit dem Ausatmen kehre bitte wieder zurück in deine bewegliche Mitte. Mache dies einige Male. Nun darf der Brustraum sich auch nach hinten öffnen: Lass deinen Rücken dabei rund werden, die Schulterblätter gleiten nun auseinander. Das Becken kippt dabei etwas nach hinten. Und wieder zurückkehren. Wechsle nun vorne und hinten ab. Nimm den Bereich der beweglichen Mitte wahr, wenn du sie durchquerst. Nun kommen die Seiten dran. Dehne deine rechte Achselhöhle auf. Hebe dafür deinen rechten, leicht gebeugten Arm bis über die Schulterhöhe. Lehne dich in den Seitenraum, der diagonal liegende Sitzbeinhöcker kann sich dabei leicht von der Sitzfläche abheben. Kehre wieder zurück. Lüfte nun den anderen Flügel, genieße die Beweglichkeit deines Brustkorbes. Abschließend hast du vier Seiten zur Auswahl, mit denen du spielen und sie abwechseln kannst, so wie es sich gut für dich anfühlt.

Atem(-bewegungs-)raum ist Klangraum. Atem und Stimme gehen stets Hand in Hand. Flacher, kleiner, gepresster Atem wird immer auch zu einem unerfreulichen Stimmklang führen: eng, schrill, zu hoch, gepresst, angestrengt oder leise. Je freier sich deine Atembewegung ausbreiten darf, desto leichter, weicher und klangvoller wird deine Stimme. Sie nimmt sich den Klangraum, den wir ihr anbieten (siehe Kapitel »Deine Stimme – Abbild deiner Persönlichkeit«, Seite 71).

Von unten nach oben: die drei Atemräume

Ilse Middendorf, die Grande Dame der Atemarbeit, teilte den Körper in drei Atemräume ein. Im Folgenden stelle ich dir die Atemräume vor und gebe dir jeweils eine Übung zur Anregung, zum Wachküssen der Beweglichkeit und Weite des jeweiligen Raumes an die Hand.

Der untere Atemraum: Damit ist der Bereich vom Nabel abwärts – Bauch, Becken und Beine – gemeint. Er steht für die Verbundenheit zur Erde, das Getragen-Sein durch den Boden und auch für die Fähigkeit, den eigenen Standpunkt zu vertreten und sich zu zeigen.

Der mittlere Atemraum: Hier ist der Bereich zwischen Nabel und Brustkorb gemeint, es ist ein sehr persönlicher Bereich. Hier sitzen Solarplexus und Emotionen sowie Magen, Leber und Nieren. Etwas schlägt sich auf den Magen, geht an die Nieren oder eine Laus ist uns über die Leber gelaufen – auch die Sprache erzählt von der Gefühlsbetontheit des mittleren Atemraumes.

Der obere Atemraum: Damit sind Brustkorb, Schultern und Arme, Hals und Kopf gemeint. Der obere Atemraum ist der luftigste, leichteste und beweglichste der drei Atemräume. Die Lunge ist sehr zart an Masse – ein Luftgeschäft. Auch die Rippen sind, obwohl stabil, leichte und biegsame Knochen. Die Wirbelsäule beginnt im Beckenraum und wird nach oben hin immer feiner. Die Halswirbelsäule ist im Vergleich zur Lendenwirbelsäule feingliedrig. Das Herz liegt geborgen und eingebettet in diesem Raum. Der obere Atemraum ist dem Bewusstsein zugänglich: Wir können willentlich ein- und ausatmen oder die Luft anhalten. Dieser Raum steht auch für die Verbindung nach außen zur Welt und nach oben zum Himmel. Der Geist und – das Schönste für mich – das Wunder Klangwerdung haben in der luftigen Höhe des Körpers ihren erhabenen Sitz.

Drei Atemräume anregen

Den unteren Atemraum anregen: Komm im Stehen in deine bewegliche Mitte. Nimm dir einen Moment, um in deinen Körper hineinzuspüren: Wo kannst du gerade Atembewegung wahrnehmen?

Geh nun mit kleinen Schritten durch den Raum, die Füße bleiben dabei möglichst in Kontakt zum Boden. Spüre die Kraft deiner Fersen. Jeder Schritt darf hörbar sein wie bei Flamenco-Tänzerinnen. Dein Atem darf fließen, dein Schultergürtel wird gelockert. Spüre dabei die Verbindung vom Boden durch Füße und Beine ins Becken, zum Kreuzbein. Such dir mit den kleinen Schritten spielerisch unterschiedliche Wege im Raum, für einige Minuten. Bleibe dann stehen, lege eine Hand auf die Bauchdecke unter den Nabel. Fühle die Atembewegung und den Bereich unter deiner Hand.

Den mittleren Atemraum anregen: Streiche mit beiden Händen horizontal um deine Körpermitte herum, bleibe dabei zwischen Nabel und Brustkorb. Wandere vom Bauch über die rechte Seite nach hinten zum Rücken, wieder zurück und auf die andere Seite zum Rücken. Das ist eine fließende Bewegung, leicht und angenehm, als würdest du dich mit Farbe bemalen. Mache das einige Male, dann lasse eine Hand vorne, die andere am Rücken verweilen. Die Handfläche der vorderen Hand und der Handrücken der hinteren Hand sind einander zugewandt. Spüre die Atembewegung im Raum zwischen den Händen in der Körpermitte. Nun lasse die Arme locker hängen und spüre nach. Die Körpermitte darf sich entspannen und auf dem Beckenraum niederlassen.

Den oberen Atemraum anregen: Klopfe mit lockeren Händen leicht über die Brust, unter den Schlüsselbeinen ein paarmal nach rechts und nach links. Lege dann die beiden Hände übereinander auf die Mitte der Brust, etwas unter dein Kehlgrübchen. Spüre die Atembewegung im Brustraum. Merke dir die Stelle unter deinen Händen.

Die Handmitten anregen: Streiche mit dem Daumen der rechten Hand einige Male über die Handmitte der linken Hand und wechsle dann die Seite. Lasse nun die Arme wieder locker hängen und spüre nach. Kannst du die Kraft deiner Handmitten wahrnehmen?

Die kosmische Übung

Video 4:
Die kosmische Übung

Der untere Atemraum: Führe nun die Handmitten in einer ausholenden Bewegung zum Becken: zum Unterbauch, da wo deine Hand vorher lag. Beuge dabei die Beine und lasse den Oberkörper vornüber nach unten sinken, so als ob du etwas aufheben wolltest, viel Laub zum Beispiel. Du holst mit deinen kraftvollen Handmitten etwas zu dir, lass die Hände am Unterbauch ankommen. Nimm dann einen hörbaren Ausatem mit in die Bewegung: SCHSCHSCH, führe deinen Ausatem zu dir. Stell dir vor, der Atem breite sich in dir aus.

Die Körpermitte: Breite deine Arme aus, als ob du jemanden umarmen wolltest. Führe deine Handmitten nun in einer horizontalen Bewegung zu deiner Körpermitte. Nimm wieder einen hörbaren Ausatem dazu. Wieder holst du etwas zu dir – in dich, wieder darf dein Atem in dir ankommen.

Der obere Atemraum: Führe nun deine Hände in einer ausholenden Bewegung zu deiner Brustmitte, so als würdest du möglichst viele schöne Schneeflocken sammeln wollen. Nimm wieder einen hörbaren Ausatem dazu: SCHSCHSCH. Wieder führst du etwas zu dir – in dich. Diesmal stelle dir bitte vor, dass dein Atem in deiner Brustmitte landet.

Verbinde nun die drei Räume miteinander: Führe deine Handmitten abwechselnd zum Becken, zur Körpermitte und zur Brustmitte, du bestimmst die Reihenfolge, wie es dir Freude macht.

Spüre nach. Wo kannst du jetzt Atembewegung wahrnehmen?

Mehr Ruhe und Gelassenheit finden – mit deinem Atem

Sich in sich selbst anlehnen können und mehr Geborgenheit, Ruhe und Rückhalt finden: Dein Atem spielt dabei eine wichtige Rolle. Über den Atem können wir in einen körperlichen Zustand der Gelassenheit finden. Gerade vor herausfordernden Situationen kann das sehr hilfreich sein. Viele Menschen leiden an Aufregung und Nervosität. Darum ist die zentrale Atem-Übung »Rückhalt finden im Rücken« im Kapitel »Lampenfieber wegtrainieren« untergebracht. Das Video zum Mitmachen für dich ist auch hier unten. Alle Infos dazu, über den Rücken mit seinem Kraftspeicher, dem Nierenraum, und ein Interview zu diesem Thema mit Dr. Rubi-Klein, findest du ab Seite 224.

Wichtig für dich: Aus deinem Atem entsteht deine Stimme!

Dein Atem kommt und geht. Auf deine ganz persönliche Art und Weise. Er passt sich deiner Befindlichkeit an oder besser gesagt: Der Ausatem kommt aus deiner momentanen Befindlichkeit und der Einatem nimmt wiederum Platz in deinem Körperhaus ein. Die Atembewegung nimmt sich Raum, wo er ihr zur Verfügung steht.

Für deine Kommunikation ist das entscheidend: Dein Atem wird Klang und über den Atemklang, nämlich deine Stimme, zeigst du dich der Außenwelt! Deine Gedanken und Ideen, deine Geschichten, dein Humor und deine Zuwendung zu anderen Personen fließen über deinen Atemklang zu deinen Gesprächspartnern und landen in deren Gehirnen und hoffentlich auch Herzen. Über den Atem können wir der Stimme ihre goldenen Resonanzräume öffnen. Sie wird gerne klingen, wo immer Atembewegung sich ausbreiten darf. Damit sind wir beim nächsten Kapitel: der Stimme! Sie ist die Visitenkarte deiner Persönlichkeit und damit ein machtvolles Kommunikationsmittel.

4.
Deine Stimme – Abbild deiner Persönlichkeit

Warum hörst du sofort, dass es deiner besten Freundin nicht gut geht, wenn sie »Doch, doch, es ist alles okay ...« ins Telefon haucht? Bitte stelle dir vor, du hast gerade eine Prüfung bestanden und rufst nun deinen liebsten Freund an, um ihm die erfreuliche Neuigkeit mitzuteilen: Wann weiß er Bescheid, dass es positive Nachrichten gibt? Nach deinem Hallo oder erst, wenn du die Worte »Ich habe bestanden!« ausgesprochen hast? Ersteres, natürlich! Über den Klang der Stimme bekommen wir eine Fülle von Informationen über die sprechende Person. Klingt die Stimme warm und rund? Oder hell und leicht, klingt sie piepsig und hoch? Oder ist sie voll, tief und weich? Trocken krächzend oder brummig, leise oder hauchig? Ist sie eng oder schrill, kompakt oder nebelig belegt? Unzählige Adjektive gibt es da zur Auswahl, die die Besonderheiten einer Stimme zu beschreiben versuchen. In jedem Fall erzählt die Stimme auf einer tiefen und unbewussten Ebene eine Menge über ihre Besitzerin oder ihren Besitzer. In seinem Buch »Das Gehirn« schreibt der Neurowissenschaftler Ken Ashwell, dass jener Teil des menschlichen Gehirns, in dem Signale aus dem Hörsinn verarbeitet werden – das limbische System –, auch an emotionalen Reaktionen beteiligt ist. Sinneseindrücke, die wir über die Ohren empfangen, können in einem Bruchteil einer Sekunde tiefe Gefühle auslösen. Ein paar Takte eines Songs, den wir als Teenager tausende Male hörten, können uns gefühlsmäßig in die Vergangenheit katapultieren. Unsere Fähigkeit, einen Menschen über den Klang der Stimme einzuschätzen, entscheidet mit über Sympathie oder Ablehnung und über die Bereitschaft, ihm zuzuhören und seine Inhalte anzunehmen. Diese komplexe Wahrnehmungsfähigkeit erlaubt uns auch, das Gegenüber nicht nur über dessen Körpersprache, sondern auch über den Klang der Stimme richtig einzuschätzen.

Wie kommt es zum unverwechselbaren persönlichen Stimmklang? Pinguin-Eltern können das Piepsen und Fiepen ihres Kükens aus dem tausendfachen Stimmengewirr ihrer Kolonie heraushören und es tatsächlich wiederfinden, wenn sie nach Wochen von ihrem Futtermarsch in das Gewusel zurückkehren. Auch Menschen erkennen den Mama-Papa-Ruf ihrer Kinder unter vielen anderen ähnlichen Rufen. Von mehreren stillenden Müttern habe ich gehört, dass der Schrei ihres Säuglings sogar die mütterliche Brust anspricht und Milchfluss auslösen kann, der Schrei eines anderen Babys jedoch nicht. Am Spielplatz reagierte ich als Mutter blitzschnell und mit erhöhtem Herzschlag auf den gellenden Schrei meines eigenen Kindes, wenn es sich weh getan hatte. Ich blieb aber ruhig, wenn ich einem anderen weinenden Kind dabei half, wieder aufzustehen. Was macht eine Stimme so unverkennbar?

Einerseits sind es die körperlichen Gegebenheiten, die verantwortlich für den besonderen persönlichen Klang einer Stimme sind: die Länge und Form der Stimmlippen und die Form und Beschaffenheit des Rachen- und Mundraumes. HNO-Ärzte können angesichts der Stimmlippen einer jungen Frau sagen, ob sie die körperliche Konstitution für eine Karriere als Koloratur-Sopranistin hat oder nicht. Andererseits spielt der Atem eine Hauptrolle auf diesem Gebiet: Atemraum ist Klangraum. Die Weite und Flexibilität, die wir der Atembewegung zur Verfügung stellen können, wird dankbar für den Einatem angenommen. Der Ausatem wird mit Beteiligung der Stimmlippen zu Klang, er wird im Mundinnenraum mit Zunge und Lippen zu Lauten geformt, zu Silben, zu Sprache. Die Art und Weise unserer Atembewegung steht in direktem Zusammenhang mit unserer psychischen Befindlichkeit und mit der daraus resultierenden Körperspannung. Lassen wir traurig den Kopf hängen und schlapp das Brustbein einsinken, so wird die Atembewegung im Brustkorb tatsächlich kleiner. Die Stimme klingt nun schwächer und leiser. Lassen wir den Kopf in den Nacken sinken, dann lastet etwas vom Gewicht des Kopfes auf dem Kehlkopf, dieser sollte aber frei im Hals hängen dürfen. Die Stimme klingt nun eng und möglicherweise gepresst. Auch ein Zuviel an Spannung ist nicht hilfreich für die Stimme: Ziehen wir die Schultern hoch, legen die Arme nah an den Oberkörper oder ziehen den Bauch ein, wird die Atembewegung eingeschränkt und der Klang der Stimme wird schwächer (siehe dazu Kapitel »Atem – Wunder und Geschenk«, Seite 43). Die ausgewogene Körperspannung ist es, die Atembewegung und Stimmvibration ermöglicht. Wir nehmen sie von außen als kraftvoll, gesund und gelöst wahr. Stehst oder sitzt du aufgerichtet und wach in deiner beweglichen Mitte und dein Atem fließt frei und ungehindert, so wird deine Stimme sich Klangraum finden.

Wie klingt deine Stimme? Hast du schon einmal Feedback dazu erhalten? Wir hören die eigene Stimme selbst anders, als sie sich außen zeigt. Die Vibration der Stimme breitet sich im Körper aus: Knochen und Gewebe schwingen mit. Durch diese körperimmanente Schwingung nehmen wir die eigene Stimme auch von innen wahr. Eine Verbindung zwischen Rachenraum und Mittelohr ermöglicht eine weitere körperinnere Übertragung des Stimmklanges: die Eustachische Röhre. Am Gaumen kann man mit der Zunge zwei zarte Erhebungen tasten, etwa auf dem höchsten Bereich des Gaumens, leicht rechts und links der Mitte. Hier münden die beiden Eustachischen Röhren in den Mundinnenraum. Schall gelangt darüber ins Mittelohr und überträgt sich auf die drei Gehörknöchelchen. Deshalb unterscheidet sich die Selbstwahrnehmung der Stimme so sehr von der Außenwahrnehmung. Viele Menschen sind sehr überrascht vom Klang ihrer Stimme, wenn sie eine Aufnahme von sich hören, weil sie fremd klingt. Oft ist die erste Reaktion darauf: »Oh nein, meine Stimme klingt ja furchtbar!« Sie klingt nicht furchtbar, aber eben anders, als wir sie selbst von innen *und* außen hören.

Für klangvolles Sprechen brauchst du deinen ganzen Körper. Die Schwingung der Stimme, die Stimmvibration, breitet sich über Knochen, gelöste Gelenke und Gewebe im Körper aus, wenn wir ihr Wohlspannung bieten. Verkrampfung oder Schlappheit (Hyper- oder Hypotonus) verhindert müheloses, klangvolles Sprechen. Kinderstimmen klingen meistens weit. Befindet sich der Pausenhof einer Schule oder eines Kindergartens in der Nähe, müssen wir nicht lange nach dem Weg dorthin fragen. Die Rufe und das Lachen der Kinder sind oft verblüffend laut. Ihr Körperinstrument ist ungehindert durchlässig für Stimmvibration, das Kind setzt seiner Stimme nichts entgegen und hält nichts zurück. Viele Menschen arbeiten im Sitzen, im Büro vor ihren Bildschirmen. Setzen wir dieser Haltung nicht Lockerung und Bewegung als Ausgleich entgegen, lauert die Gefahr einer Muskelverspannung im Nacken. Sitzen wir schlapp mit eingesunkenem Brustbein und gerundetem Rücken, kommt oft eine Verkürzung der vorderen Brustmuskulatur dazu. Das schränkt die Atembewegung ein – die Stimme wird leise. Wir alle waren als Kinder so durchlässig für Stimmklang. Die gute Nachricht: Das Stimminstrument ist dasselbe geblieben, es ist nur etwas größer geworden. Es geht hier um ein Wiedererobern, ein Sich-etwas-Zurückholen und sich körperlich an das erinnern, was wir als Kinder selbstverständlich hatten: geschmeidigste Beweglichkeit und obendrein noch Freude daran. Der

Ausgangspunkt für ein erfolgreiches Stimmtraining ist ein ganzkörperliches Warm-up – ein Lockern und Lösen von angespannter Muskulatur und Gelenken und ein Anregen und Aufwecken müder Bereiche des Körpers.

Warm-up-Übungen für deine Stimme – im Stehen

Dehnen: Dehne dich genüsslich, lasse einen Arm lang werden gen Himmel, dann den anderen. Du solltest spüren, wie dein Brustkorb sich in die jeweilige Seite hinein weitet und die Rippen sanft nachgeben. Kehre immer mit dem Ausatmen zurück in die Ausgangsposition. Der Einatem kommt von allein und darf sich Raum nehmen. Du kennst diese Übung aus dem Warm Up von Seite 14. Nimm jetzt deine Stimme dazu: Seufze und gähne, alle Töne, Klänge und Geräusche sind willkommen.

Schultern kreisen: Lasse nun deine Schultern kreisen, stelle dir vor, große Kreise in die Luft zu malen. Ändere dabei auch mal die Richtung. Spürst du, wie deine Schulterblätter sich geschmeidig voneinander entfernen und sich dann wieder annähern? Gerne kannst du dabei leise summen.

Stimme schütteln 1: Hebe eine Schulter leicht hoch und lasse sie locker wieder fallen. Stelle dir nun vor, die Stimme aus dem Brustraum durch die Schulter in den Arm fallen zu lassen. Schüttle sie durch den Arm hinunter, lasse sie aus den Fingern herausfallen und töne dabei HAA und HOO. Dasselbe auf der anderen Seite. Deine Kniegelenke dürfen dabei nachgeben, bewegliche Beine sind wichtig, spüre den Boden unter deinen Füßen.

Stimme schütteln 2: Nun klopfe mit lockeren Händen auf deine Beckenseiten, Leisten und das Kreuzbein. Wir laden die Atembewegung dadurch ein, sich bis in den Beckenraum auszubreiten. Nun schüttle locker ein Bein aus, diesmal darf die Stimme aus dem Beckenraum hinunterfallen und wird aus dem Fuß herausgeschüttelt mit HAA und HOO. Das Standbein unterstützt dich durch Beweglichkeit und deine Arme helfen dir dabei, das Gleichgewicht zu halten.

Becken und Beine streichen: Diese Übung kennst du schon aus dem Atemkapitel, Seite 60. Sie eignet sich auch gut als Warm-up-Übung für die Stimme, weil der durch die Übung tiefer fließende Einatem Klangraum für die Stimme erschließt. In der Bewegung zurück ins Stehen töne jetzt HOO.

Vokale gleiten lassen: Male mit dem Zeigefinger einer Hand eine senkrechte Wellenlinie vor dich in die Luft, von oben nach unten. Beginne über deiner Kopfhöhe und ende unter dem Becken. Begleite diese Bewegung mit einem sanften HOO, dann HAA, HEE, HII und HUU. Die Stimme darf dabei – wie die Bewegung – von oben nach unten gleiten. Von der hohen Stimme in die tiefe Stimme. Leicht und angenehm, egal ob laut oder leise.

Spüre nun bitte nach und richte dich im Stehen in deiner beweglichen Mitte, deinem Grashalm, ein.

Arme schwingen: Lasse nun deine Arme wie beim Gehen versetzt nach vorne und hinten schwingen, nur etwas höher, bis auf Schulterhöhe. Die Kniegelenke bleiben dabei beweglich. Passiv wie Pendel dürfen die Arme schwingen, der Unterkiefer lässt dabei locker. Mit jedem Armschwung tönst du nun einen Vokal: U, A und O. Hänge die drei Vokale aneinander, ein Armschwung bleibt stumm, dann: O-U-E, U-E-A … Lasse deine Stimme klingen, wie es dir Spaß macht. Experimentiere nach Lust und Laune mit unterschiedlichen Tonhöhen. Diese Übung lockert den Schultergürtel und lädt so die Stimmvibration ein, sich auszubreiten.

Der Ton macht die Musik

Der Klang deiner Stimme spielt eine wesentliche Rolle im bunten und vielschichtigen Szenario deiner nonverbalen Kommunikation. Feinste Töne und Schwingungen entscheiden mit, ob man dir gerne zuhört oder nicht, ob man deine Inhalte bereitwillig und mit offenen Ohren aufnimmt oder ob ein anderer Fokus gerade attraktiver ist. Attraktiv ist, was mit Leichtigkeit kommt. Anstrengung strengt an. Wie findest du nun zu deiner mühelosen Wohlfühlstimme?

Deine ideale Sprechstimmlage ist der Bereich deiner Stimme, in dem du lange, klangvoll und ökonomisch sprechen kannst. Sie befindet sich im unteren Drittel deines Stimmumfanges. Hier ein einfacher Trick, wie du in diese Wohlfühllage deiner Stimme kommst. Es hat mit dem körpereigenen Brummton zu tun.

Abb. 8: die ideale Sprechstimmlage

So findest du deine ideale Sprechstimmlage

Lege deine Hände auf die Brust, die Handflächen über- oder nebeneinander mit etwas Abstand unter das Kehlgrübchen. Das ist die Mulde zwischen deinen Schlüsselbeinen, wo der Anhänger einer kurzen Halskette Platz findet. Probiere nun einmal ein zustimmendes »MHMM, stimmt!« oder ein nachdenkliches »ÄHMM, da muss ich jetzt nachdenken, ÄHMM …« Das darf leise sein und ohne Anstrengung. Kannst du die Vibration unter deinen Handflächen spüren? Was dein Körper hier von ganz allein brummt, liegt im Zentrum deiner sogenannten Indifferenzlage, der Wohlfühllage. Von hier aus sprich jetzt bitte ein »MHMM – Montag, MHMM – Dienstag, MHMM – Mittwoch« und so weiter. Du wirst vielleicht bemerken, dass deine ideale Sprechstimmlage etwas tiefer liegt, als du gewöhnlich sprichst. Viele Menschen haben die Gewohnheit, hoch zu sprechen, und strengen ihre Stimme dabei unnötig an. Jetzt lies dir einen kurzen Text aus dem Zentrum deiner idealen Sprechstimmlage selbst vor. Stelle dabei jeder Zeile ein MHMM voran und beginne in dieser Tonlage zu sprechen. Deine Stimme darf von hier aus frei in ihre höhere und tiefere Lage klingen, lass dich dabei von dem Text leiten und überraschen.

MHMM … Der Himmel ist blau, sagte der Pfau.
MHMM … Zeit zu verreisen, sagten die Meisen.
MHMM … Ja, mit der Bahn, sagte der Hahn.
MHMM … Oder wir fliegen, sagten die Ziegen.
MHMM … Nach Amsterdam, sagte das Lamm.
MHMM … Dauert das lange, fragte die Schlange.
MHMM … Gibt es da Schnee, fragte das Reh.
MHMM … Liegt Amsterdam am Nil, fragte das Krokodil.
MHMM … Ganz in der Nähe, sagte die Krähe.
MHMM … Wo soll das sein, sagte das Schwein.
MHMM … Da um die Ecke, sagte die Schnecke.
MHMM … Kaum zu glauben, sagten die Tauben.

Spüre nach der Übung in dich hinein: Wie fühlt sich das für dich an? Mühelos und angenehm? Klangvoll? Herzlich willkommen in deiner Wohlfühl-Stimmlage!

Ich möchte dir damit das Tor zu einer neuen Spielwiese öffnen: Experimentiere lustvoll mit deiner idealen Sprechstimmlage. Wenn du beispielsweise in einer Warteschlange stehst, ist das ein guter Moment, um leise zu summen, um dann aus dieser Tonlage heraus »Einen Cappuccino zum Mitnehmen, bitte« zu sagen. Stimme dich ein, auch bevor du telefonierst. Ist deine ideale Stimmlage etwas tiefer, als du normalerweise sprichst, dann freunde dich langsam mit ihr an. Deine gewohnte Stimmlage bleibt dir in diesem Fall ohnehin erhalten, sie ist dir vertraut und immer da. Du kannst nun aber bewusst wählen: Was brauche ich für welche Situation? Nimm bitte auch wahr, wie deine Gesprächspartner und -partnerinnen reagieren: Hören sie dir aufmerksamer zu? Fühlst du dich dadurch sicherer, erwachsener und vielleicht souveräner? Erlaube dir, klangvoller zu sprechen (siehe auch Kapitel »Dein Raum – eine Frage der Präsenz«, Seite 27).

Nicht nur zu hohes Sprechen strengt die Stimme an, auch eine bewusst tiefe Stimmlage führt zu einer Anspannung der Kehlkopfmuskulatur und beeinträchtigt die Stimme. Unsere Gesprächspartner und Zuhörerinnen nehmen dies unbewusst wahr und fühlen sich unwohl. Warum?

Der Rhetoriktrainer und Stimmcoach Arno Fischbacher schreibt, dass auch passives Lauschen eine aktive Tätigkeit sei. Das Verhalten des Sprechers werde im Zuhörer innerlich nachgeahmt. Dadurch übertrügen sich die Empfindungen des Sprechers auf den Hörer:»... selbst scheinbar passives Lauschen ist ein aktives Unterfangen: Zuhörer ahmen das Verhalten des Sprechers innerlich nach. Durch diese so genannte ›interne Simulation‹ übertragen sich mit der Zeit auch die Empfindungen des Sprechers auf den Zuhörer: Hören wir etwa jemanden mit belegter Stimme, fangen wir an, uns zu räuspern.« Wenn wir uns wohlfühlen und in unserer mühelosen idealen Sprechstimmlage sprechen, so werden sich Wohlgefühl und Leichtigkeit auch auf unsere Gesprächspartnerinnen und Zuhörer übertragen. Personen, die im Einklang mit ihrer Stimme sprechen, werden meist als sympathisch und kompetent eingestuft, sie werden gerne gehört. Müssen wir uns hingegen stimmlich anstrengen und sprechen zu hoch oder gepresst, so wird man uns eher als gestresst und weniger souverän wahrnehmen.

Gerade in herausfordernden Situationen, in denen der Herzschlag beschleunigt und wir schneller atmen, steigen wir häufig schon mit dem ersten Satz zu hoch ein. Aus dieser Sackgasse wieder herauszukommen, ist äußerst schwierig und häufig geht eine gewisse Eile damit Hand in Hand. Wir legen vor Aufregung ein hohes Sprechtempo an den Tag. Unbewusst gibt es den Wunsch, die Situation schnell hinter uns zu bringen. Die zärtliche Selbstwahrnehmung über das feine MHMM-Summen im körpereigenen Brummton hat nebenbei etwas Beruhigendes und Zentrierendes – es wirkt dadurch auch gegen Lampenfieber. Stelle dir deine ökonomische Stimmlage bitte bewusst zur Verfügung, bevor du in eine herausfordernde Situation gehst. Das MHMM-Summen ist eine einstimmende Übung, die du am Weg zu deinem Termin – unauffällig – machen kannst.

Die 3D-Brustraum-Übung mit Stimme

1. ***Zur Vorbereitung:*** Klopfe dir bitte mit lockerer Faust oder mit dem Handballen, mal rechts, mal links leicht über die Brust. Unter den Schlüsselbeinen nach rechts und links, den Brustkorb hinunter und wieder hinauf. Nimm deine Stimme dazu: HOOAA …

   Du sprichst damit Knochen und Gewebe an und lädst sie ein, sich von der Stimme in Schwingung bringen zu lassen.

2. ***Die Dreidimensionalitätsübung:*** Du kennst diese Übung bereits aus dem Atemkapitel. Damit wird der Brustraum für Atem und Stimme beweglich: Weite deinen Brustraum in seine Vorderseite, die Arme lassen sich von dieser Bewegung passiv leicht zu den Seiten heben. Spüre, wie der Abstand zwischen deinen Rippen sich etwas vergrößert. Das sollte angenehm für dich sein. Mit dem Ausatmen kehrst du wieder zurück in deine bewegliche Mitte. Nimm nun bitte deine Stimme dazu: Den Brustraum nach vorne öffnen und weiten (die Lippen bleiben dabei wie immer leicht geöffnet) und im Zurückkehren tönst du SOO.

   Nun kommen die Seiten dran: Neige dich auf die linke Seite, dehne deine Achselhöhle dabei leicht auf und im Zurückkehren zu deiner Mitte tönst du MEE. Abwechselnd rechts und links.

   Die Rückseite des Brustraumes darf nun auch beweglich für Atem und Stimme werden: Öffne sie, der Rücken wird dabei leicht rund und die Schulterblätter gehen auseinander wie ein

Vorhang. In der Bewegung zurück zur Mitte sagst du wieder SOO. Nun dehne und weite deinen Brustraum nach vorne, rechts, links und nach hinten, wie es sich für dich am besten anfühlt. Spiele nun mit unterschiedlichen Vokalen: MAA, MEE, SOO, UOU … Lass dich überraschen, wo deine Stimme ihren Klangraum findet. Du bietest Raum und die Stimme darf darin klingen. Du kannst dabei sowohl laut als auch leise sprechen – immer ohne etwas zu wollen und vor allem ohne zu werten. Der Körper kann das wunderbar, wir lassen ihn machen … Dann spüre bitte nach.

3. ***Deine Stimme klingt in deinem Raum***: Experimentiere nun mit deiner Kugel (siehe »So findest du deinen Raum: die Kugel-Übung«, Seite 35). Male sie noch einmal aus. Stelle dir bitte vor, einen Abdruck in deinen Raum zu machen. Wir atmen nun mit der Bewegung in den Raum aus, anders als in der zweiten Übung. Lehne dich (mit beweglichen Beinen) mit der Körpervorderseite in deinen Raum und kehre wieder in deine bewegliche Mitte zurück. Deine Körpervorderseite darf sich dabei sanft dehnen, anschmiegen und einen Abdruck machen, einige Male. Töne MHMM und später SOOO, UOU und MEE, diesmal mit der Bewegung in den Raum. Die Körperrückseite darf auch einen Abdruck machen, der Rücken wird dabei rund. Der ganze Körper macht mit, von den Füßen bis zum Schädeldach wie eine Mondsichel, schmiege dich in die Seite, mal rechts und mal links. Wechsle dann die vier Richtungen ab. Bewohne deinen Raum und lass deine Stimme klingen, wie es dir gerade guttut. Wie klingt deine Stimme? Voll, weich und unangestrengt? Raumfüllend und dabei mühelos? Deine Stimme wird sich über das neue Zuhause freuen und sich gerne darin ausbreiten.

Die kosmische Übung mit Stimme

Atemraum wird Klangraum! Diese zentrale Atemübung von Seite 67 eignet sich auch wunderbar als Stimmübung. Wir führen diesmal die Hände über unten, die Mitte und oben mit Stimme – tönend, klingend, singsprechend – zum Körper. Stelle dir diesmal vor, dass deine Stimme in dir landet, in dir klingen darf und sich in deinem Körper ausbreitet. Diese Vorstellung löst stimmliche Anstrengung und schenkt dir stattdessen Leichtigkeit. Bitte lies dir die Anleitung noch mal durch und nimm dann deine Stimme dazu.

- Führe deine Hände einige Male über unten zum Becken – töne dabei: LUU.
- Dann einige Male horizontal über die Seiten zur Körpermitte: SOO.
- Und nun zur Brust, töne dabei: NÜÜ.
- Wechsle in weiterer Folge ab, wie es sich gut für dich anfühlt. So verbindest du die drei Atem- und Klangräume miteinander. Spüre dann nach.

Hier noch einmal
Video 4 für dich:
Die kosmische Übung

Höre dir selbst zu – übers Lauschen

Höre dir selbst zu, dann werden es deine Gesprächspartner auch tun. Unser hochintelligentes Körperinstrument ist in der Lage, sich auf jedes Gegenüber einzustellen. Sprechen wir mit einem Kleinkind, so neigen wir uns dem Kind zu, wir beugen uns hinunter und sprechen, ohne nachzudenken, etwas höher. Die Stimme stellt sich von allein auf das junge Gegenüber ein. Wollen wir einer 95-jährigen Dame über die Straße helfen, werden wir etwas lauter reden, damit sie uns auch versteht. Vielleicht hört sie ja gut, trotzdem: In vorauseilender Bereitschaft stellt die Stimme sich auf die Gesprächspartnerin ein. Und wieder neigen wir uns der Gesprächspartnerin entgegen und stellen uns auch körpersprachlich auf sie ein. Dasselbe gilt für jede Situation: ob Meeting, Hearing oder Vortrag, ob Gespräch unter vier Augen oder Vorlesung an der Uni. Vertraue deinen Ohren! Sobald du dir selbst zuhörst, werden Hörsinn und Phonation einander die Hand geben. Das ist der Fachbegriff für die Stimmerzeugung bzw. Lautbildung. Die Ohren sind es, die als feiner Tonmeister die Verantwortung für dein Stimmvolumen tragen: Immer angemessen und passend für jedes Setting wirst du die räumliche Feineinstellung deines Stimmklanges vornehmen, auch in einem großen Raum.

Deine persönlichen Elefantenohren

Stelle dir bitte vor, du hättest wunderschöne, bewegliche, weiche Elefantenohren. Du kannst die Ohren nach hinten drehen und auch dorthin lauschen. Oder nach vorne einstellen. Es sind fröhliche Ohren. Bestimmt hören Elefanten mit ihren großen Ohren mehr als wir. Lausche bitte einmal … auch die Stille ist voll von kleinsten Geräuschen. Nur im Inneren eines Berges, in einer Höhle, ist es vollkommen still. Hörst du vielleicht Stimmen in weiter Entfernung, ein Auto vorbeifahren oder einen Vogel zwitschern? Leichtigkeit ist gefragt, höre hin, ganz ohne Anstrengung.

Je besser du deine persönlichen Elefantenohren kennst, desto leichter kannst du sie ausfahren lassen, wenn du sie brauchst: wenn du gehört werden willst. Hier sind einige Übungen für dich – zum guten Gebrauch deiner Elefantenohren.

Sich selbst zuhören – klingen und lauschen

Probiere noch einmal die 3D-Übung von Seite 64, diesmal mit deinen hübschen Elefantenohren. Die Bewegung darf dabei langsam kleiner werden. Lenke deinen Fokus auf den Klang deiner Stimme im Raum, töne SOO, UOU, MEE, LUU, WAA … Experimentiere frei, wie es dir gefällt, und bleibe in dem feinen Zustand des Hinhörens.

Sprechen und lauschen: Gehe nun einen Schritt weiter zum Sprechen. Probiere im nächsten Schritt einige Silben: BABABA – BOBO – BUBUBU. Deine empfindsamen Elefantenohren bleiben immer ausgefahren und lauschen, genieße den Klang! Lausche bitte auch in die Stille zwischen den Silben – gibt es hier ein Echo? Nimm dir Zeit, um alle Aspekte deines Stimmklanges wahrzunehmen.

Und nun sprichst du einige Sätze deiner Wahl, bleib dabei im lauschenden Elefantenohr-Modus. Was hat sich verändert? Wie klingt deine Stimme jetzt? Vielleicht voller, größer und mühelos raumfüllend?

Lausche, während du sprichst, deiner Stimme und allen Lauten, die du gerade lebendig werden lässt. Deine Worte werden klingen, ohne Mühe, wenn du dir selbst zuhörst. Spitze schon am Weg zu deinem wichtigen Termin die Ohren und höre in deine Umgebung. Sprich nun einige Silben und dann ein paar Sätze. Lasse jetzt schon deine Elefantenohren wackeln und nimm sie bewusst mit in die Situation. Dort angekommen, halte einen Moment inne: Grashalm? Raum? Ohren? Wunderbar! Ganz wach und zu Hause bei dir – und nun kann es losgehen.

Richard, ein Musiker, kam zu mir ins Sprechatelier, um für sein bevorstehendes Bewerbungsgespräch mehr Sicherheit zu bekommen. Er hatte eine Einladung zu einer Lehrprobe an einer Musik-Universität, in der er auch eine Vorlesung über eine bestimmte Violin-Schule halten sollte, die er selbst nicht besonders gut fand. Er nuschelte in seinen nicht vorhandenen Bart. Er meinte, einfach eine leise Stimme zu haben, immer schon. Man würde ihm nur zuhören, wenn er Geige spiele, und nicht, wenn er spreche. Hinzu kam, dass er den ungeliebten Inhalt offensichtlich nicht mit-teilen wollte. Ich konnte kaum verstehen, worüber er sprach. Wir arbeiteten an seinen Elefantenohren! Es fiel ihm leicht, sich selbst zuzuhören: »Das ist ja wie beim Musizieren«, meinte er. »Ich hätte nicht gedacht, dass es sich mit der Stimme ähnlich verhält. Ich muss mich gar nicht anstrengen und meine Stimme klingt jetzt viel voller, ganz von allein.« Er lauschte seinen Worten, während er sprach, und so wurden sie auch für mich hörbar. Seine Probevorlesung konnte er mit klangvoller Stimme halten, außerdem spielte und unterrichtete er offensichtlich sehr gut … Die Professur war ihm sicher!

Über die Beweglichkeit der Stimme

Was macht eine Präsentation oder eine Erzählung lebendig, bunt und abwechslungsreich? Deine *Stimm-Modulation* spielt hier eine wichtige Rolle: hoch und tief und alles dazwischen. Die Beweglichkeit der Stimme ist damit gemeint. Sie geht Hand in Hand mit deinen Betonungen, den Akzenten, die Wichtiges hervorheben und weniger Wichtiges stimmlich in der zweiten Reihe platzieren. Du darfst deinen Stimmumfang spielerisch und genussvoll zur Übermittlung deiner Inhalte nutzen. Und wieder ist der Begriff *Beweglichkeit* ausschlaggebend. Schultergürtel und Kiefergelenke dürfen gelöst sein, dein Atem frei und deine Arme locker – so wird auch deine Stimme Ausflüge machen können. Sie wird mal höher und mal etwas tiefer klingen, wie dein Inhalt es braucht, um spannend und lebendig zu werden. Mehr dazu findest du im Kapitel »Stimm-Modulation: hoch, tief und bunt« auf Seite 116.

Tipps zur Stimmpflege

Deine Stimme braucht Aufmerksamkeit. So, wie wenn man einem Kleinkind eine Mütze aufsetzt, wenn es kalt ist. So, wie man selbstverständlich regelmäßig die Blumen gießt. So, wie man liebevoll ein schönes Kleid bügelt.

- Summe, singe und lasse deine Stimme nach Herzenslust klingen. Kindlich, fröhlich und ohne Zielvorstellung.
- Sorge für Feuchtigkeit. Trockene Luft tut den Stimmlippen nicht gut, ihre Oberfläche besteht aus Schleimhaut, die feucht gehalten werden möchte. Trinke ausreichend Wasser oder Tee (2–3 Liter pro Tag) und lutsche bei Bedarf Halsbonbons, beispielsweise bei trockener Heizungsluft im Winter.
- Sprich deutlich, dadurch kann dein Stimminstrument ökonomischer arbeiten.
- Wenn du Heiserkeit verspürst: Eibischtee hilft. Er wirkt wie Balsam auf die Stimmlippen.
- Bei einem akuten Infekt liegt meistens eine Entzündung der Schleimhäute des Rachens und des Kehlkopfes vor. Die Stimme klingt dann rau, heiser und tief. Schone in so einem Fall deine Stimme! Schweige, wenn das für dich möglich ist. Auch geflüstert werden sollte nicht. Verwende Zeichensprache, bis deine Stimme wieder zurückgekehrt ist.
- Lockere tagsüber immer wieder deine Kiefergelenke (Seite 50), gähne und seufze, das schafft Weite und Beweglichkeit.

- Plane stimmliche Ruhepausen ein. Eine der Hauptursachen für Stimmprobleme ist die Überlastung der Stimme im Beruf. Strukturiere deinen Arbeitsalltag nach Möglichkeit so, dass deine Stimme zwischendurch immer wieder mal ausspannen darf.
- Rauchen schadet der Stimme. Vermeide bitte auch Passivrauchen.
- Halte deinen Schultergürtel beweglich. Wenn du sitzend arbeitest, gönne dir zwischendurch ein paar Lockerungsübungen (Seite 50). Deine Stimme wird es dir danken.
- Achte auf die richtige Kopfhaltung beim Sprechen, damit dein Kehlkopf in Wohlspannung bleiben kann (siehe Kapitel »Deine bewegliche Mitte«, Seite 149).
- Pflege deine Wohlfühl-Stimmlage (Seite 78). Gönne dir diese (durchaus unauffällige) Streicheleinheit für deine Stimme, die sich auch in den Arbeitsalltag einbauen lässt.

Wichtig für dich: Deine Stimme sagt immer die Wahrheit!

Nach vielen Jahren Atem- und Stimmarbeit habe ich das Gefühl, die Stimme ist auditiver Ausdruck der Seele. Manchmal zeigt sich die Persönlichkeit eines Menschen für einen einprägsamen Moment in einer Geste, einem Zögern oder einer Bewegung. Und natürlich ist auch die verbale Kommunikation Ausdruck unseres Seins: die Worte, die wir wählen, um Inhalte zu übermitteln, – und jene, die wir lieber weglassen. Auch optische Reize sind an der menschlichen Kommunikation beteiligt. Der Lieblingspullover, den wir immer tragen möchten, erzählt etwas über seinen Besitzer. Auch ein verführerisches Kleid tut seine Wirkung. Die Stimme ist meiner Erfahrung nach jedoch der berührendste, zärtlichste, beweglichste und persönlichste Kommunikationsfaktor – und darum ist dieses Potenzial so mächtig.

Mit deiner Stimme kannst du Menschen erreichen und berühren, überzeugen, zum Lachen bringen und beschenken. Die Stimme ist zartbesaitet wie ein kleines Kind und ein offenes Buch: Sie zieht sich beleidigt zurück oder klingt plötzlich angestrengt, sie lacht frei heraus, sie kichert verstohlen oder wird trüb wie Nebel. Immer nimmt sie da Platz oder Raum, wo er im Körper für sie zur Verfügung steht. Sie wird genau da klingen, wo dein Körper beweglich, frei und weit ist. Wenn wir eine verbale Ohrfeige kassieren oder schlimme Neuigkeiten erfahren, kann das eine derartige – körperlich vernehmliche – Erschütterung auslösen, dass sofort auch die Stimme wegbleibt: *Da verschlägt es mir die Sprache, da bleibt mir die Spucke weg, mir stockt der Atem, das geht mir an die Nieren, da bleibt mir das Herz stehen …* Kläglich piepsen wir dann, kaum über der Hörgrenze. Von Zwerchfell zu Zwerchfell überträgt sich, jenseits von Sprache und Nationalität, die Emotion auf andere Menschen. Unmissverständlich. Direkt.

Ich möchte dich einladen, deine Stimme zärtlich wie dein eigenes Kind zu behandeln. Sie fürsorglich zu pflegen, indem du summst, singst und sie klingen lässt, wie es dir guttut. Bitte pflege auch das Zuhause deiner Stimme – deinen Körper! Ich verspreche dir, dass deine Stimme auf deine liebevolle Einladung sofort und gerne reagieren wird: mit goldenem, leichtem Klang, mit mühelosem Stimmvolumen, mit Beweglichkeit im Tonumfang, mit ansteckender Fröhlichkeit, mit Klarheit und Überzeugungskraft!

5.
Mach es spannend – Sprechtechnik-Tools

Was macht einen Vortrag spannend? Was macht eine Präsentation zu einem Erlebnis? Eine Vorlesung unvergesslich? Warum lauschen wir aufmerksam der einen Person und schweifen bei der anderen ab? Über die interessantesten Inhalte können wir monoton und sterbenslangweilig sprechen: Kein Mensch wird die Schönheit und Brisanz unserer Worte überhaupt bemerken können. Und andersherum sollte man sogar das Telefonbuch so lesen können, dass Zuhörer an unseren Lippen hängen, wie mein Schauspiellehrer am Max-Reinhardt-Seminar sagte. Wir können selbst die uninteressantesten Inhalte dermaßen lebendig, persönlich, packend und abwechslungsreich übermitteln, sodass man uns unwillkürlich zuhört. Ja, auch lange zuhört und selbst schwierige Themen bereitwillig und mühelos in sich aufnimmt. Aber wie geht das?

Du bist der Experte oder die Expertin, wenn du einen Vortrag hältst. Du weißt, worüber du sprichst, kennst deine Themen und Inhalte. Einige Aspekte, um sie leichtfüßig und erfolgreich zu übermitteln, habe ich schon beschrieben. Die bewegliche Mitte ermöglicht freie Atembewegung, diese wiederum schenkt dir stimmlichen Wohlklang. Sich Raum erlauben, denn dieser gibt dir Präsenz. Das ist schon eine Menge und damit sind die Augen und Ohren deiner Gesprächspartner und deiner Zuhörerinnen erstmal bei dir. Das ist eine starke und überzeugende Basis. Wollen wir es mit einer Torte vergleichen, so hast du die Torte nun aus dem Backrohr genommen: Sie sieht prächtig aus. Darauf kannst du bereits stolz sein. Doch nun ist deine Kreativität und dein gestalterisches Talent gefragt. Wie willst du deine Torte haben? Mit Glasur? Kerzen? Deko? Kirschen? Erdbeeren? Blümchen aus Marzipan? Übersetzt für deine Präsentation, deine Rede oder deinen Vortrag heißt das: Welche deiner Worte sollen wie eine Überschrift im Raum stehen und was darf beiläufig gesprochen werden? Gewichte deine Inhalte bewusst durch Betonungen. Wo brauchst du Punkte und Pausen? Lerne, darauf zu achten, denn damit können deine Inhalte erst in den Ohren deiner Gesprächspartnerinnen landen. Knackig und genüsslich darf ein jeder Laut klingen, niemand soll sich anstrengen müssen, um dich zu verstehen.

In diesem Kapitel bekommst du Werkzeuge an die Hand. Sprechtechnik-Tools, die dir dabei helfen werden, auch komplexe und längere Inhalte abwechslungsreich und auf deine sehr persönliche Art lebendig zu übermitteln, deutlich und dadurch leicht verständlich zu sprechen und noch dazu im passenden Sprechtempo. Damit es ein Vergnügen ist, dir zuzuhören! Im Alltag denken wir nicht darüber nach, ob wir schnell oder langsam, hoch oder tief sprechen, oder ob wir etwas undeutlich in den eigenen (eventuell nicht vorhandenen Bart) nuscheln. Wir plaudern einfach darauf los.

Sprechen wir aber vor einer Gruppe und alle Blicke sind auf uns gerichtet, kann es schon passieren, dass wir plötzlich das Gefühl haben, viel zu schnell, monoton oder langweilig zu sein. Auch wenn wir uns verhaspeln, merken wir das und unangenehme Gefühle kommen auf.

Fülle deine Toolbox in diesem Kapitel mit allem, was hilfreich für dich ist. Nimm mit, was du brauchst, damit du in schwierigen Situationen in Sekundenschnelle auf die neuen Werkzeuge zugreifen kannst. Dafür braucht es etwas Geduld und Hingabe, mit einem Wort: Training.

Zuerst möchte ich dir deine sprecherischen Gestaltungsmöglichkeiten vorstellen, die Parameter des Sprechens:

- schnell – langsam
- hoch – tief
- laut – leise

Das sind sie schon. Bist du jetzt erstaunt, weil es so wenige sind? Etwas kommt noch dazu: die Stille. Damit hast du schier unendliche Möglichkeiten der Gestaltung. Die Musik hat dieselben Gestaltungsparameter: Die Notenlinien beschreiben die Tonhöhe, die Tonlänge kann man aus der Note ablesen und die Lautstärke ist, meist in italienischer Sprache, unter den Notenzeilen zu finden: piano (leise), forte (laut) und crescendo (lauter werden). Auch für das Tempo gibt es Hinweise: adagio für langsam, accelerando (schneller werden) und rallentando (langsamer werden). Hinter diesen wenigen Parametern verbergen sich große Themen der Sprechtechnik: Betonung und Sprechausdruck, Stimm-Modulation und Artikulation, Sprechtempo, Punkte und Pausen.

Ein Experiment – mit und ohne Punkte

Hier eine Wegbeschreibung für dich:

1. Lies den folgenden Text bitte einmal ganz bewusst ohne Punkte und Pausen. Ich habe dafür auf Interpunktion verzichtet.

   »Wie Sie von hier vom Sprechatelier zum Volksgarten kommen das erkläre ich Ihnen gerne Sie gehen die Mondscheingasse nach links vor bis zum Siebensternplatz dort fährt die Straßenbahn Linie 49 in diese steigen Sie bitte ein und fahren hinunter bis zum Ring das ist die Endstation da ist auch das Parlament hier haben Sie zwei Möglichkeiten entweder Sie gehen über den Zebrastreifen auf die Innenseite des Rings oder Sie nehmen die Unterführung auf der anderen Straßenseite sehen Sie schon da sind große alte Bäume das ist der Volksgarten.«

Ich führe dir das Beispiel auch gerne vor, mit dem Link kommst du hin:

   Ist die Beschreibung verständlich und anschaulich, könnte ein Ortsunkundiger diese Wegbeschreibung verstehen? Findet er den Weg zum Volksgarten? Nein, natürlich nicht. Er hat vergeblich versucht zu verstehen, hat aber irgendwann den Faden verloren.

2. Und hier noch einmal dieselbe Wegbeschreibung, diesmal mit Satzzeichen. Bitte nimm dir jetzt beim Lesen bewusst

Zeit, um Punkte zu setzen. Deine Stimme darf sich bei jedem Punkt absenken. Wo möchtest du Pausen setzen? Wahrscheinlich brauchst du nicht bei jedem Beistrich eine Pause, experimentiere damit und notiere es im Text.

»Wie Sie von hier, vom Sprechatelier, zum Volksgarten kommen, das erkläre ich Ihnen gerne. Sie gehen die Mondscheingasse nach links, vor bis zum Siebensternplatz. Dort fährt die Straßenbahn Linie 49. In diese steigen Sie bitte ein und fahren hinunter bis zum Ring – das ist die Endstation. Da ist auch das Parlament. Hier haben Sie zwei Möglichkeiten: Entweder Sie gehen über den Zebrastreifen auf die Innenseite des Rings oder Sie nehmen die Unterführung. Auf der anderen Straßenseite sehen Sie schon: Da sind große, alte Bäume – das ist der Volksgarten.«

Hier sind die beiden sprechtechnischen Varianten für dich auf Video, du wirst bestimmt sofort verstehen, was sich durch Punkte und Pausen in unserer Kommunikation verändert:

Video 5:
Punkt und Pause – mit oder ohne?

Was ist der Unterschied für dich? Warum kennst du nun den Weg zum Volksgarten? Du musstest dafür gar nicht auf Google Maps schauen. Aber warum? Was entstand in deinem Kopf während des Zuhörens? Richtig, Bilder!

3. Experimentiere nun bitte selbst mit Punkten. Lies Satz für Satz und lasse deine Stimme am Satzende nach unten gehen (Fragen

sind davon ausgenommen). Nimm dabei eine Geste zu Hilfe: Mit dem letzten Wort des Satzes mache mit dem Zeigefinger von oben nach unten eine Bewegung, setze ungefähr auf Nabelhöhe einen deutlichen Punkt vor dich in die Luft.

- Wie Sie von hier, vom Sprechatelier, zum Volksgarten kommen?
- Das erkläre ich Ihnen gerne. (Punktgeste)
- Sie gehen die Mondscheingasse nach links, vor bis zum Siebensternplatz. (Punktgeste)
- Dort fährt die Straßenbahn Linie 49. (Punktgeste)
- In diese steigen Sie bitte ein und fahren hinunter bis zum Ring. (Punktgeste)
- Das ist die Endstation, da ist auch das Parlament. (Punktgeste)
- Hier haben Sie zwei Möglichkeiten: (Punktgeste) Entweder Sie gehen über den Zebrastreifen auf die Innenseite des Rings oder Sie nehmen die Unterführung. (Punktgeste)
- Auf der anderen Straßenseite sehen Sie schon:
- Da sind große, alte Bäume – das ist der Volksgarten. (Punktgeste)

4. Nun überlege dir selbst einen Weg von A nach B. Stell dir vor, du wurdest nach dem Weg gefragt, beschreibe ihn und achte darauf, klare Punkte zu setzen. Nimm dir dabei die Geste zu Hilfe. Beim nächsten Durchgang lasse dann die Geste weg. Die Punkte dürfen genauso schön und deutlich bleiben.

Was fällt dir auf? Wie verändert sich dein Sprechtempo, dein Atem? Und: Hast du jetzt mehr Zeit für deinen Inhalt, mehr Zeit zu denken? Vielleicht hast du das Gefühl, dich nicht beeilen zu müssen und mehr Überblick zu haben.

Warum Punkte Mut erfordern - der magische Moment

Wir geben unseren Gesprächspartnern einen Satz – mit und durch den Punkt. Wir reichen ihn in diesem Moment *hinüber* zu ihnen. Wir überlassen ihnen den Satz, er soll ihnen gehören. Und dann? Wir warten den Hauch eines Moments ab, bis er angenommen wird. Erst danach sprechen wir weiter. *In diesem kurzen Moment sind wir nur nonverbal – ohne Worte – in Verbindung mit dem Publikum oder den Kolleginnen.* Jetzt könnte eine Frage kommen! Ein Gegenargument! Ein störendes Irgendwas, etwas Kritisches! Darum hängen wir oft lieber gleich den nächsten Satz dran – unbewusst natürlich. So kommt keiner dazwischen. Oder wir lassen den Satz punktlos in der Höhe hängen und füllen die kleine Pause mit einem Äääхm. Es erfordert Mut, einen Augenblick nur da zu sein. Raum zu geben, damit der Transfer glücken kann. Damit das, worüber du schon Bescheid weißt, auch da landen kann, wo du es haben möchtest. In den Ohren, Köpfen und Herzen deiner Gesprächspartnerinnen. Dein Inhalt ist wie etwas Außergewöhnliches, das du gebastelt, gebaut, gebacken, gemalt, genäht, gestrickt, geschrieben oder gekauft hast – für jemanden. Ein Geschenk. Du packst es ein, in besonders schönes Papier, und gibst ein hübsches Band herum, zusätzlich noch eine Schleife. Es soll in den richtigen Händen landen. Nun überreichst du das kostbare Stück.

Es darf ausgepackt und angeschaut werden. Es darf bestaunt und berührt werden. Es darf bewertet werden. Für deinen Inhalt gilt: Er darf eingeordnet werden! Er darf in die Erfahrung des Gegenübers integriert werden, ganz egal, wie diese Erfahrung aussieht. Sprichst du beispielsweise über Tansania, so werde ich als deine Zuhörerin deinen Inhalt in meine Erfahrung und mein Wissen über dieses Land integrieren. Da ich nur über ein geringes Tansania-Wissen verfüge – aus einer Dokumentation, die ich mal gesehen habe, und aus der Erzählung einer Freundin, die das Land bereist hat, – muss ich die Informationen in diesen kleinen Winkel meines Gehirns gut einsortieren können. Dazu brauche ich deine Punkte. Ich möchte ein Geschenk nach dem anderen annehmen, auspacken und in meinen Erfahrungsschatz integrieren. Mein inneres Regal wird dadurch enorm erweitert. Warum klappt das so gut, wenn du Punkte setzt?

Abb. 9: Punkte setzen – ich gebe es nicht her

Abb. 10: Punkte setzen – jeder Satz ist ein Geschenk

Lasse Bilder in den Köpfen deiner Gesprächspartner entstehen

Die Wegbeschreibung zum Volksgarten hat bestimmt Bilder in deinem Kopf entstehen lassen: Der Siebensternplatz, den kenne ich. Die Straßenbahn, ja, die habe ich gesehen. Hinunter … Das stimmt, es geht leicht bergab … Das Parlament, die großen Bäume … Du siehst vor dir ein Bild nach dem anderen, weil ich dir die Zeit dazu gebe – durch den Punkt. Das Geschenk wird angenommen. Du empfängst es jetzt im Moment. Du musst nach einem Vortrag oder Seminar nicht unbedingt alles von vorne nachlesen oder nachschauen – im Handout, im Skriptum, in der E-Mail oder auf Google Maps. Vieles ist – in Form eines Bildes – bereits in deinem Gehirn angekommen. Die Inhalte gehören nun dir und sind für dich abrufbar.

TIPP

Reiche deinen Gesprächspartnern deine Inhalte wie Geschenke – Satz für Satz. Lasse ihnen jeweils einen Augenblick Zeit, um den Inhalt anzunehmen und in ihre Erfahrung zu integrieren!

So wirst du ÄHMs los

»Ich freue mich sehr, Sie beim diesjährigen Maturaball äääbm des Gymnasiums zu begrüßen äääbm ganz besonders freue ich mich äääbm auf unseren Überraschungsgast ääääb um 22:30 äähm die achten Klassen haben sich gewünscht äääbm, dass sie statt der äääbm üblichen Mitternachtseinlage einen äääbm Event im Hof äääbm …«

Kaum auszuhalten, oder? Die Ähms stören! Sie stören, weil wir Zuhörer gerne den Inhalt klar und deutlich *herübergereicht bekommen* möchten. Geschenk für Geschenk. Dafür brauchen wir Punkte und Pausen, in denen das jeweilige Inhalts-Geschenk ankommen darf. Das Ähm hängt alles zu einem ununterbrochenen Redeschwall zusammen. Unser Gehirn kann Sätze ohne Anfang und Ende nicht verarbeiten. Da kommt mir das Bild einer Seilbahn in den Kopf: Sie fährt bergauf, fährt in die Bergstation ein, die Passagiere möchten aussteigen, die Türe geht auf … nun kommt aber ansatzlos die nächste Gondel. Die Menschen haben keine Zeit auszusteigen, sie bleiben in der Gondel. Die Türe schließt sich schnell. Die nächste Gondel versucht es wieder – vergeblich. Die Passagiere können nicht ankommen. Die Inhalte können nicht landen. Das macht uns ungeduldig, es strengt an und frustriert Sprecher sowie Zuhörer. Das Verständnis wird erheblich erschwert.

Abb. 11: Viele Ähms – Inhalte können nicht ankommen

Abb. 12: Punkte und Pausen bringen Klarheit

Wenn du dich hin und wieder bei einem Ähm ertappst: Hier ist eine Übung für dich, mit der du die unliebsamen Fülllaute loswerden kannst.

Der Ähm-Whirlpool

Bitte merke dir diese 6 Zeilen:

- War einmal ein Bumerang;
- War ein Weniges zu lang.
- Bumerang flog ein Stück,
- Aber kam nicht mehr zurück.
- Publikum – noch stundenlang –
- Wartete auf Bumerang.

1. Beginne mit übertrieben vielen Ähms. Wir arbeiten jetzt paradox: Wir machen das, was wir nicht haben wollen, bewusst groß und deutlich. Bitte sprich am Ende jeder Zeile genüssliche und besonders klangvolle Ähms. Bade dich geradezu darin.
   - War einmal ein Bumerang; ... Ähm ... Äääääähm ...
   - War ein Weniges zu lang ... Äääääähm ... Ähmm ...
   - Bumerang flog ein Stück, ... Ääääh ... Ähmmm ...
   - Aber kam nicht mehr zurück ... Ähm ... Äääääähm ...
   - Publikum – noch stundenlang – ... Ääääähmm...
   - Wartete auf Bumerang.

Wie fühlt sich das für dich an? Höre dir selbst aufmerksam zu. Wiederhole die Übung einige Male.

2. Nun lasse die Ähms weg und zähle stattdessen innerlich bis drei. Kannst du dir so viel Zeit zwischen den Satzteilen erlauben? So unverschämt viel Zeit für dich beanspruchen? Darfst du das? Wir dehnen diesen Moment beim Üben bewusst etwas aus, um ihn zu verdeutlichen. Experimentiere bitte damit und versuche es einige Male.

- War einmal ein Bumerang; (1–2–3)
- War ein Weniges zu lang. (1–2–3)
- Bumerang flog ein Stück, (1–2–3)
- Aber kam nicht mehr zurück. (1–2–3)
- Publikum – noch stundenlang – (1–2–3)
- Wartete auf Bumerang. (1–2–3)

Wie geht es dir damit? Fällt es dir leicht, diese Pausen zu halten? Oder willst du lieber gleich weitersprechen? Dich beeilen? Fertig werden? Kannst du einen Moment einfach nur da sein? Atmen und in Verbindung zu deinen (imaginären) Gesprächspartnern bleiben? Spüre dabei bitte auch deinen Raum.

3. Passe die Pause für dich nun so an, dass es sich stimmig anfühlt. Zähle nicht mehr mit, spüre trotzdem die Kraft der Pause: Sie ist der kostbare Moment, in dem dein Inhalt von deinen Gesprächspartnern angenommen und integriert wird. Jetzt gerade stehst du zu deinem Inhalt. Du hältst die Zügel in der Hand und dein Denk-Sprech-Prozess darf ohne Eile fließen. Genieße den Moment und gewähre ihn deinem Gegenüber.

4. Nun wähle selbst einen einfachen Inhalt. Beschreibe einen Ort, den du magst, oder ein Kochrezept, was immer dir leichtfällt. Bleibe dabei bitte im selben Modus.

Was fällt dir nun auf? Wie geht es deinen Ähms? Sind sie durch die Übung drastisch reduziert oder sogar verschwunden?

Füllwörter sind Dialog-Verhinderer und führen tendenziell in Richtung Einbahnstraße. Sie lassen den Gesprächspartnern keinen Platz für eine Frage und wir verlieren dadurch die nötige Verbindung (siehe dazu Kapitel »Bewusst in Dialog gehen: Verbindung zu den Gesprächspartnern herstellen«, Seite 131). Aus meiner Erfahrung mit dieser Übung kann ich vertrauensvoll sagen: Deine Fülllaute sind nun entweder ganz weg oder zumindest viel seltener geworden. Wenn du dazu neigst, Ähm zu verwenden, wiederhole diese Übung immer mal wieder. Es wird bald ein Vergnügen sein, deinem präzisen und klaren Vortrag zuzuhören. Mut zu Klarheit! Ich lade dich ein, damit zu experimentieren.

Artikulation – warum sie für deine Kommunikation so wichtig ist

»Wie bitte, kannst du das noch einmal sagen?« Meist reagieren wir auf diese Frage mit einer etwas lauteren und vor allem deutlicheren Wiederholung des eben gesprochenen Satzes. Mit großer Wahrscheinlichkeit mag man die Bemühung, deutlich zu sprechen, an sich selbst nicht. Genauso wenig mögen wir sie bei den anderen, wenn wir ihnen zuhören. Immer wieder liest oder hört man über die sogenannte »deutliche Aussprache« oder »präzise Artikulation«. Die Angst vor Sprechübungen oder davor, zu bemüht und künstlich zu wirken, kann sich dabei rasch einstellen. Hier soll es aber nicht um übertriebenes und angestrengt-deutliches Sprechen gehen, sondern um vergnügliches Aneinanderreihen von Lauten und genussvolles Sprechen: Das sichert dir die Aufmerksamkeit deiner Zuhörer!

WIE du sprichst, ist ausschlaggebend für deine Kommunikation – nicht nur WAS. Meist sind wir damit beschäftigt, WAS wir sagen werden: »Punkt 3 darf ich nicht vergessen, die PowerPoint-Folien ... und ach ja, mit welchem Satz steige ich ein!« Wir übersehen dabei, wie wir sprechen. Du erreichst deine Gesprächspartner über die Klänge und Laute, die aus deinem Mund über die Schallwellen der Luft in ihre Ohren gelangen. WIE du etwas sagst, ist verantwortlich dafür, ob man dir überhaupt zuhört. Der KLANG deiner Worte und Laute wird empfangen oder eben nicht. Deine brillanten Inhalte brauchen die volle Lebendigkeit deines akrobatischen Artikulations-Instrumentariums, um gehört zu werden.

Stelle dir bitte vor, du besuchst einen Vortrag: Es ist ein sehr interessantes Thema, die Vortragende ist eine Koryphäe auf ihrem Gebiet. Du bist sehr gespannt und spitzt die Ohren. Doch dann beginnt sie zu sprechen: Sie bewegt ihre Lippen dabei wenig, ihre Zahnreihen kleben nah aneinander und ihr Mund bleibt fast geschlossen. Du verstehst kaum, was die Person sagt! Du bemühst dich, schließlich bist du extra deshalb hergekommen. Nach einiger Zeit gibst du auf, schaust auf die Uhr oder auf dein Handy und wartest auf die Pause, um dann unauffällig das Weite zu suchen. Die Vortragende hat ihre goldenen Inhalte für sich behalten, in einem tresorartigen Mundinnenraum: Wände aus Beton, ein Tor aus Stahl und festgerostete (Kiefer-)Scharniere.

Du siehst schon: *Beweglichkeit* spielt eine wesentliche Rolle beim vergnüglich-deutlichen Sprechen. Wer sich Beweglichkeit erlaubt, wird lebendiger sprechen können. Wer die Zunge tanzen lässt und das Tor aufmacht, wird seine Zuhörer erreichen. Wenn du jeden Laut genussvoll klingen lässt, wird man dir lange und mühelos zuhören können.

TIPP

Erlaube dir Beweglichkeit: Dein Mundraum (samt Zunge, Rachen, Gaumen und Wangen) und deine Lippen dürfen sich beim Sprechen locker und frei bewegen – so wird jeder Laut von ganz allein klingen.

Über das Sprechwunder, das du zwischen Stimmlippen und Lippen trägst

So funktioniert die Lautgebung (der Fachausdruck dafür ist *Phonation*): Dein Ausatem fließt aus dem Bronchialsystem der Lunge durch die Luftröhre nach oben und durch den Kehlkopf weiter in Rachen und Nase. Der Kehlkopf hat zwei Aufgaben: Wenn wir schlucken, verschließt er mit einem Deckel (Kehldeckel) den Luftweg, damit die Nahrung in die Speiseröhre und nicht in Richtung Lunge geht. Und jetzt kommt das Tolle: Im Kehlkopf wird der Ausatem zu Klang. Sobald wir sprechen, werden die Muskeln im Kehlkopf aktiv, die Stimmlippen werden in Schwingung versetzt und erzeugen je nach Muskeltonus hohe oder tiefe Töne. Diese werden im Raum darüber (Vokaltrakt) zu differenzierten Klängen geformt. Zwischen den Stimmlippen im Kehlkopf und den Lippen des Mundes formen wir sämtliche Laute, in einer sagenhaften Vielfalt und mit akrobatischer Beteiligung unzähliger Muskeln. *Wir Menschen sind die Spezies Nummer eins auf diesem Gebiet, wir können sprechen.* Kein anderes Lebewesen ist in der Lage, eine derartig komplexe, sinnhafte Vielfalt an Lauten von sich zu geben. Die Rachenrückwand ist beweglich, das Gaumensegel wird sanft angehoben, die Wangenmuskulatur turnt nah an die Zahnreihen heran und die Zunge zieht alle Register: Sie kann flach und breitentspannt und entspannt am Mundboden liegen, sich an den Gaumen schmiegen, sich runden und wölben, sich kurz oder lang, dick oder dünn machen. Sie vollführt regelrecht Kunststücke. Im Zusammenspiel ergibt das zirkusähnliche Artistik, die uns dazu befähigt, zu sprechen.

Warm-up: mehr Beweglichkeit für eine deutlichere Aussprache

Einstieg: Suche dir einen Satz, der dir gerade einfällt, und sprich ihn für dich selbst aus. Wie fühlt sich das an und wie klingen deine Worte? Das ist dein Referenz-Satz, zu dem du nach den folgenden Übungen zurückkehrst.

1. Lasse deine Zunge im Mundraum »spazieren gehen« und erkunde ihn. Was ist weich, kantig, kühl oder glatt?
2. Lockere nun deine Zunge, spiele mit BLADL-BLEDL-BLUDLUDL und anderen Lauten, die dabei entstehen. Erfinde deine eigene Nonsens-Sprache, die Zunge darf dabei auch zwischen den Zähnen hervorkommen.
3. Lasse deine Zunge nun ausruhen und spüre nach: Wie ist die Größe und Form deines Mundinnenraumes beschaffen?
4. Kiefergelenke lösen und Wangenmuskulatur lockern: Streiche einige Male von den Kiefergelenken (vor den Ohren) über die Wangen bis zum Kinn. Seufze dabei herzhaft.
5. Lege deine weichen Fingerkuppen auf die Mitten der Wangen und massiere sie leicht.
6. Lege deine Handflächen aneinander, verschränke die Finger und schüttle leicht die Hände. Schau dabei deine lockeren Handgelenke an und übernimm jetzt etwas von dieser Lockerheit in deine Kiefergelenke, sprich ein paarmal BLA-BLA-BLA, BLA-BLA-BLA. Ganz beweglich wie beim Gähnen.
7. Experimentiere nun mit der Beweglichkeit deines Mundinnenraumes: Lasse deinen Unterkiefer locker und sage WA-WA-WA. Der Abstand zwischen deinen Zahnreihen soll sich dabei verändern – mal mehr, mal weniger.

Abschluss: Hole dir nun deinen Ausgangssatz wieder ins Gedächtnis. Behalte die Beweglichkeit bei und höre dir selbst aufmerksam zu. Was hat sich verändert?

Wenn wir mit Menschen sprechen, die nicht gut hören und eventuell ein Hörgerät tragen, stellen wir uns ganz ohne nachzudenken auf dieses Gegenüber ein: Wir sprechen mit größeren Lippenbewegungen, damit sie die Chance haben, von unseren Lippen abzulesen. Wenn du dazu tendierst, manchmal undeutlich zu sprechen oder zu nuscheln, kann diese Vorstellung sehr hilfreich sein, sie verbessert deine Artikulation. Probiere dieses Tool vor dem Spiegel aus und passe es so an, dass es sich gut für dich anfühlt.

> TIPP
>
> Wenn du undeutlich sprichst, stelle dir bitte mal vor, deine Gesprächspartner würden nicht so gut hören. Erlaube dir etwas mehr an Lippenbewegung, aus Höflichkeit, damit sie dich besser verstehen können. Dadurch wirst du deutlicher sprechen.

Fitnessstudio für die Zungen- und Lippenmuskulatur

Wie in jeder Sportart spielt auch beim Sprechen die muskuläre Fitness eine wesentliche Rolle. Nicht nur jene des Zwerchfells, sondern auch die Leistungsfähigkeit der Lippen- und Zungenmuskulatur beeinflusst das Sprechen. Angenommen ich gehe täglich joggen, könnte ich irgendwann mit Leichtigkeit 45 Minuten am Stück laufen. Die Muskulatur wird darauf trainiert und der Körper verwendet selbstverständlich, was ihm zur Verfügung steht. Als ich gerade nach Paris gezogen war, bereitete es mir anfangs Mühe, dauernd Französisch zu sprechen. Ich hatte in den ersten Wochen sogar sowas wie einen Muskelkater an den Lippen! Einige französische Laute beanspruchen Muskelpartien, die in der deutschen Sprache weniger oft zum Einsatz kommen. Meine Lippenmuskulatur musste erst fit für die neue Sprache werden. Je fitter deine Lippen- und Zungenmuskulatur ist, desto müheloser wirst du dich deutlich artikulieren können.

Sit-ups und Co für Lippen und Zunge

1. ***Küsschen schicken:*** Ziehe deinen Mund zusammen, spitze dabei die Lippen. Nun schicke Küsschen. Das ist anstrengend, eine Minute solltest du aber schaffen.

2. ***Lippenflattern***: Blase die Luft durch die locker aufeinanderliegenden Lippen aus, lasse sie dabei flattern, so ähnlich wie ein Pferd.

3. ***Zunge schnalzen***: Lasse die Zunge 15-mal schnalzen. Forme nun ein E im Mund. Behalte diese E-Haltung bei und schnalze jetzt wieder 15-mal mit der Zunge. Nun forme ein O und schnalze aus dieser Position wieder 15-mal.

4. ***Zunge wahrnehmen***: Lasse die Zunge nun ruhen. Spürst du, wie sie flach und entspannt im Mundinnenraum liegt und die Zungenspitze die vorderen, unteren Schneidezähne berührt?

5. ***Zunge kreisen***: Lasse die Zunge nun vor den Zähnen kreisen, fünfmal rechtsherum, dann fünfmal linksherum. Das ist anstrengend … Versuche nun das Unmögliche (wenn es nicht gut klappt, macht das nichts), nämlich sprechen: Ein Wiesel saß auf einem Kiesel inmitten Bachgeriesel. Auch wenn du dabei komisch aussiehst, für deine Zungenmuskulatur ist es ein gewinnbringendes Training.

6. ***Lockere nun deine Zunge*** mit BLÄDL-BLÄDL-BLÄDL.

7. ***Die U-I-U-Lippen-Übung***: Forme mit den Lippen eine Schnute mit dem Vokal U, die Oberlippe darf dabei die Nasenspitze beinah berühren. Nun lasse wieder locker und kehre in die Ausgangsposition zurück. Mache das ganze 10-mal. Dann lächle mit einem I, die Mundwinkel sollten weit in Richtung Ohrläppchen gezogen werden. Wieder lösen und insgesamt 10-mal machen. Dann wechsle das Ganze ab: U-I-U-I. Das Lockerlassen dazwischen bitte beibehalten. Zur Lockerung danach die Lippen flattern lassen wie in der zweiten Übung.

8. ***BOA!*** Zum Abschluss blase die Backen auf, stelle dir etwas Tolles vor und staune: BOA! Lasse den Unterkiefer dabei locker auffallen. Diese Übung weitet deinen Mundinnenraum und lockert sowohl die Wangen- als auch die Lippenmuskulatur.

Über die sinnliche Qualität des Sprechens

Kleine Kinder experimentieren mit allen erdenklichen Lauten: Sie erkunden, was an Klängen, Zisch- und Platzlauten, Reibelauten und Vokalen möglich ist, und sind ganz begeistert davon, was ihr Mund alles kann. Von Quietschen bis Singen, von Fiepsen und Seufzen bis Gurren und Schnalzen – wenn ein neuer Laut erklingt, freuen sie sich darüber. Diese sinnliche Qualität des Lautens und Sprechens ist es, der wir gerne zuhören. Das gilt für alle Inhalte, die du an deine Gesprächspartner übermitteln willst, ob Quantenphysik, Zinsrechnung oder Kochrezept.

Über den Tastsinn zur deutlichen Aussprache

Hast du dich über folgendes Phänomen vielleicht schon einmal gewundert? Wenn wir konzentriert feinmotorische Herausforderungen meistern, wie beispielsweise etwas sehr genau ausschneiden, ankleben oder eine Nadel einfädeln, kann es sein, dass die Zunge mitmacht. Bei Kindern sieht man das manchmal, wenn sie hochkonzentriert basteln. Aber auch Erwachsene lassen die Zunge oft turnen, wenn die Finger Präzisionsarbeit leisten. Warum ist das so? Die entsprechenden Gehirnareale sind benachbart und wirken aufeinander.

Marcus Täuber, Neurobiologe und Gehirnforscher, formuliert dieses sprechtechnisch relevante Phänomen so: »Tastsinn und Bewegungen sind im somatosensorischen Cortex der Großhirnrinde lokalisiert. Dazu gehören auch Artikulationsbewegungen der Lippen und Zunge, zwei Bereiche, die für die Artikulation wichtig sind und in diesem Gehirnbereich besonders groß repräsentiert sind. Unterstützte Bewegung trainiert dabei nicht nur diesen Bereich, sondern erhöht auch die Aufmerksamkeit für die Bewegung und wirkt daher neuroplastisch. In Folge nimmt die bei Sprachstörungen vorhandene kortikale Verdickung im Wernicke-Areal ab. Das Sprachverständnis, das mit der Sprachmotorik verbunden ist, wird gefördert.«

Der sensomotorische Cortex ist in der Großhirnrinde beheimatet. Hier landen sowohl Informationen, die wir über den Tastsinn erhalten, als auch die somatischen Empfindungen, die wir über die Haut empfangen. Der gesamte Körper ist hier repräsentiert: Besonders stark ausgeprägt sind Zunge und Lippen, da sie eine entscheidende Rolle beim Sprechen und auch bei der Nahrungsaufnahme spielen. Der Rücken ist beispielsweise viel weniger empfindlich: Wir können zwei Finger, die uns am Rücken berühren, erst ab einem gewissen Abstand zueinander als zwei Berührungen wahrnehmen. Weiters ist dieses Hirnareal verantwortlich für Bewegungen. Diese beiden Bereiche im sensomotorischen Cortex (erstens der Reizempfang über Haut und Tastsinn, zweitens die Bewegungen) sind über Nervenbahnen miteinander vernetzt und »telefonieren« sozusagen miteinander. Für deine genussvoll deutliche Aussprache ist das äußerst hilfreich!

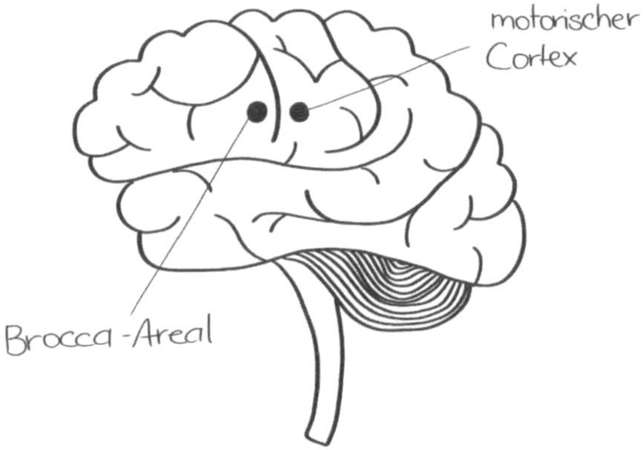

Abb. 13: Tastsinn und Mund liegen nebeneinander

In meiner Schauspielausbildung wurde der Tastsinn im Sprechunterricht großgeschrieben. Mein Lehrer im Fach »Sprechen und Sprachgestaltung«, Horst Coblenzer, Maestro der Sprechtechnik und Autor mehrerer Bücher auf diesem Gebiet, hatte eigens Gegenstände mit im Unterricht, die wir während des Sprechens mit großer Hingabe betasteten: Ich erinnere mich an einen Totenkopf aus weißem Gummi! Wenn wir den Tastsinn anregen, wird das benachbarte Gehirnareal stimuliert und die Aussprache – von selbst – lebendig und verständlich.

Tastsinn & deutliche Aussprache

Setze dich bitte bequem hin und lenke deine Aufmerksamkeit auf deine Fingerkuppen. Streiche langsam mit den beiden Daumen jeweils über die vier Nachbarfinger. Schau genau hin und spüre deine Fingerkuppen.
Unser Tastsinn ist so fein gestrickt, wir könnten ein Mohnbrösel von einer Fingerkuppe zur nächsten schieben und wären in der Lage, es wahrzunehmen. Stelle dir das bitte vor.

Sprich wie nebenbei, während du tastest

Deine beiden Daumen streichen über die vier Nachbarfinger. Sprich nun dabei – Zeile für Zeile – und bleibe währenddessen mit deiner Aufmerksamkeit bei den Fingern.

- WA-WE-WI-WO-WU
- PA-PE-PI-PO-PU
- BA-BE-BI-BO-BU
- TA-TE-TI-TO-TU
- DA-DE-DI-DO-DU
- KA-KE-KI-KO-KU
- GA-GE-GI-GO-GU

Lasse nun deine Hände einen Moment ruhen.

Taste nun noch einmal deine Fingerkuppen und sag dabei mehrmals den folgenden Satz:

- Zwanzig Zwerge zeigen Handstand,
- zehn im Wandschrank,
- zehn am Sandstrand.

Lasse deine Hände ausruhen und wiederhole den Satz noch einmal. Was fällt dir auf, was hat sich verändert?

In mein Sprechatelier kam eine Frau, ich nenne sie Frau Werner, die sich auf ein wichtiges Ereignis vorbereiten wollte: Sie hatte sich in der Firma, für die sie schon lange arbeitete, um den Chefposten beworben. Sie war Abteilungsleiterin und verantwortlich für fünfzehn Mitarbeiter. Nun war die Führungsposition über alle Abteilungen mit insgesamt über 300 Personen ausgeschrieben. Frau Werner wusste, dass es schwierig sein würde, sich gegenüber ihren vorwiegend männlichen Kollegen zu behaupten. Aber sie wollte diese Stelle unbedingt haben … Wir hatten nur wenige Wochen Zeit bis dahin.

Ich bat sie, sich eine Kommission von fünf Personen vorzustellen (wie es im Hearing sein würde) und einige Sätze über sich und ihre bisherige berufliche Laufbahn zu sprechen. Ich verstand kein einziges Wort. Frau Werner sprach ohne Punkt und Komma in einem unglaublichen Tempo. Ich hatte keine Chance, auch nur ein bisschen davon zu verstehen. Ich sah ihr eine Weile zu und versuchte, mit etwas Abstand auf die Situation zu schauen. Ich wollte verstehen, warum sich Frau Werner so beeilen musste, warum sie derartig schnell fertig sein wollte. Sie gab dann selbst die Antwort: »Ich will es hinter mich bringen.«

Sie war ihren Gesprächspartnern davongaloppiert und hatte außer Acht gelassen, dass ihre Inhalte, die sie selbst natürlich gut kannte, für ihre Gesprächspartner Neuland bedeuteten. Sie wollte – Augen zu und durch – schnell fertig und wieder draußen sein. Wir arbeiteten am genussvollen Artikulieren. Sie begann, den Sprechvorgang zu *spüren*: in ihrem Mundinnenraum. Und nach und nach konnte sie ihre *Klänge genießen*. Sie hörte sich selbst zu, sie lauschte. Als noch das Bewusstsein für ihren Raum dazu kam (siehe Kapitel »Dein Raum – eine Frage der Präsenz«, Seite 27), wurde ihr Vortrag zu einer Freude: für sie selbst und ihre Gesprächspartner. Sie meisterte ihr Hearing und saß bald am Chefsessel.

TIPP

Deutliche Artikulation wirkt sich positiv auf dein Sprechtempo aus. Zu schnelles Sprechen verwandelt sich in angemessenes Sprechtempo, sobald du jeden Laut klingen lässt und dir selbst zuhörst.

Sprechgeräusche: jeden Laut zum Klingen bringen

1. Spiele mit Sprechgeräuschen, mit unterschiedlichen Konsonanten, so wie kleine Kinder experimentieren. Lasse dich auf ein genussvolles Experiment mit Klängen und Geräuschen ein. Du brauchst dafür deine schönsten Elefantenohren, lausche dabei bewusst: Jeder einzelne Laut darf im Raum klingen.
   - WWW, SSS, P-P-P, RRR, G-G-G, L-LL-L-L, M-MM, NN-N, FFF-F-F, T-T-T, PFF- PFT, SCHSCH, K-K-K, B-B-B, ...

2. Nun ein Zungenbrecher:
   - Wenn Weihnachtswichtel weiße Weihnacht wünschen,
   - werden Winterwunder wahr.
   - Winterwunder werden wahr,
   - wenn Weihnachtswichtel weiße Weihnacht wünschen.

   Sprich die Sätze sehr langsam und höre aufmerksam zu: Gibt es ein kleines Echo – hörbar im Raum?

3. Zum Abschluss: Sprich den Zungenbrecher nun bitte flüssig in deinem gewohnten Sprechtempo, höre dir immer noch selbst dabei zu – was bleibt von deiner kleinen Artikulations-Reise zurück und was hat sich verändert?

Was du dir selbst zur Verfügung stellst, das schenkst du gleichzeitig deinen Gesprächspartnerinnen. Genieße ein kleines Lippen-Zungen-Mund-Warm-up, bevor du zu einem wichtigen Termin gehst. Deine deutliche Artikulation ist ein wichtiger Bestandteil deiner überzeugenden Self-Performance.

Stimm-Modulation: hoch, tief und bunt

Stimm-Modulation – damit ist die Freiheit der Stimme, in ihre Höhe und Tiefe zu klingen, gemeint. Wie im Kapitel »Deine Stimme – Abbild deiner Persönlichkeit« bereits beschrieben wurde, stehen Klang und Volumen der Stimme in Zusammenhang mit der Durchlässigkeit des gesamten Körperinstruments: Durchlässigkeit für Stimmvibration in Gelenken, Muskulatur und Gewebe. Die gestalterischen Möglichkeiten deiner Stimme, sich frei etwas in ihre Höhe zu bewegen, wenn du einige Worte betonen möchtest, oder etwas tiefer zu klingen, wenn du zum Beispiel verwundert »Seltsam ... das wundert mich« sagst, sollen hier erweitert und trainiert werden. Abwechslungsreichtum ist gefragt, er macht deine Inhalte spannend. Er verleiht deinen Worten mehr Lebendigkeit, das macht Freude beim Zuhören und deine Gesprächspartnerinnen nehmen – was immer du sagst – lieber an.

Übungen für die Beweglichkeit deiner Stimme in ihre Höhe und Tiefe

Bevor du beginnst, lies dir bitte selbst den folgenden Text von Christian Morgenstern vor. Merke dir deinen sprecherischen Status quo. Nach den Übungen kehrst du wieder zu diesem Text zurück und ich bin mir sicher, du wirst einen deutlichen Unterschied wahrnehmen können.

- In einem leeren Haselstrauch | da sitzen drei Spatzen, Bauch an Bauch.
- Der Erich rechts und links der Franz | und mittendrin der freche Hans.
- Sie haben die Augen zu, ganz zu, | und oben drüber da schneit es, hu!
- Sie rücken zusammen, dicht an dicht. | So warm wie der Hans hat's niemand nicht.
- So hör'n alle drei ihrer Herzlein Gepoch. | Und wenn sie nicht weg sind, so sitzen sie noch.

1. ***Register-Übung:*** Lasse ein BRRRRR, BRRRR mit flatternden Lippen erklingen, beginne eher tief und gleite sanft in die Höhe und wieder zurück, einige Male. Stelle dir dabei vor, wie Kinder mit Autos spielen und die Geräusche nachmachen.

2. ***Vokale gleiten lassen:*** Male mit deinem Zeigefinger eine Linie vor dich in die Luft, von oben nach unten. Beginne über Augenhöhe und ende auf Beckenhöhe. Deine Stimme darf – wie die Hand – hoch beginnen und nach unten gleiten: HOOOOO, HAAAAA, HUUUU. Du kennst diese Übung schon aus dem Warm-up für die Stimme.

3. ***Kleiner Hund – großer Hund:*** Nun stelle dir bitte einen kleinen Hund vor und belle mit hoher Stimme. Strenge dich dabei nicht an und bleibe locker. Das Bellen kann auch leise sein.

Du bist damit in deiner Kopfstimme. Und nun stelle dir einen großen Hund vor und ahme sein Bellen nach. Du bist nun in deiner Bruststimme.

4. ***Referenz-Text:*** Nun lies bitte noch einmal den Text von Seite 117. Lass deine Stimme dabei frei in ihre gerade wachgeküsste Höhe und Tiefe klingen, übertreibe ruhig dabei. Wiederhole dies einige Male. Dann lasse die Übertreibung weg und lies den Text noch mal – auf deine Art. Was bleibt zurück? Wie beweglich ist deine Stimme?

Das sind Turnübungen für deine Stimme, die mehr Spielraum und Geschmeidigkeit geben. Du eroberst damit sogar etwas mehr stimmliches Land, als du fürs Sprechen brauchst. Deine Stimme wird sich von deinen Worten dadurch freier, lustiger und lebendiger bewegen lassen. Natürlich nicht so weit wie in den Übungen … aber das Tor in diese Freiheit ist erstmal offen.

Du hast nun mit Sprechtempo, Stimm-Modulation und Pausen experimentiert, diese Elemente beeinflussen deine Inhalte: Was ist besonders wichtig, was versteht sich von selbst, was ist komplex und braucht Zeit? Betonungen geben Struktur und helfen deinen Gesprächspartnern, zu sortieren und einzuordnen. Gleichzeitig sind sie auch mitverantwortlich für deinen Sprechausdruck.

Betonung und Botschaft

Bitte lies dir selbst diesen Satz vor:

- Stefanie geht heute Abend ins Kino.

Und nun lies den Satz mit den unterschiedlichen Betonungen:

- *Stefanie* geht heute Abend ins Kino.
- Stefanie *geht* heute Abend ins Kino.
- Stefanie geht *heute* Abend ins Kino.
- Stefanie geht heute *Abend* ins Kino.
- Stefanie geht heute Abend ins *Kino*.

Was fällt dir auf, was verändert sich durch die unterschiedlichen Betonungen? Die Botschaft des Inhaltes ist jedes Mal eine andere.

Noch mehr Nachdruck bekommen deine Wörter durch eine Pause. Halte nach dem hervorgehobenen Wort kurz inne.

- *Stefanie* / geht heute Abend ins Kino.
- Stefanie *geht* / heute Abend ins Kino.
- Stefanie geht *heute* / Abend ins Kino.
- Stefanie geht heute *Abend* / ins Kino.

Spürst du, wie sehr das jeweilige Wort an Fokus gewinnt? Es wird ge-wichtiger und die Aussage dadurch noch deutlicher.

WENN DAS BOLGURU KATTEKELT

Hier eine Logikaufgabe für dich, die geradezu nach gekonnter Betonung ruft.

Bitte stelle dir vor, du liest diesen Text einer Schulklasse vor, in dem ehrlichen Bemühen, die jugendlichen Kinder zu animieren, eine mathematische Lösung zu finden.

Die Schnole flübbert nicht, wenn das Bolguru nicht kattekelt. Wenn die Schnole flübbert, dann glottert oder kattekelt der Klatterdei. Und wenn der Bolguru nicht schnögert, dann flübbert die Klatterdei nicht. Wenn der Feibilus kattekelt, dann flübbert der Klatterdei nicht. Und wenn der Feibilus nicht flübbert, dann flübbert der Klatterdei. Jedes Tier macht etwas von dem, was hier genannt ist, und keine zwei Tiere tun dasselbe. Wer tut was?

Drei Aufgaben dazu:

1. Lies den Text als Einstieg einmal halblaut, um ihn kennenzulernen.
2. Und nun gestalte den Text so, dass er in seiner Komplexität möglichst verständlich wird: Markiere Wörter, die du betonen willst. Wo brauchst du eine Pause? Eine Betonung, um besonderen Fokus auf ein Wort zu legen? Kreise diese Stellen ein. Spiele mit deinem Sprechtempo. Satzteile, die weniger wichtig sind, kannst du etwas schneller sprechen. Komplexe Textstellen brauchen mehr Zeit. Unterstreiche die langsameren Passagen.
3. Achte auf deine Stimm-Modulation: Was macht deine Stimme von allein? Brauchst du noch mehr stimmliche Beweglichkeit? Gib deine Stimme frei, lass sie in ihre Höhe und Tiefe klingen.

Vergleiche nun deine Einstiegsversion mit der letzten: Was hat sich verändert?

Hier mein sprecherischer Lösungsvorschlag für dich:

Textmarkierungen:

- Pause: /
- Betonungen: **fett**
- langsame Textpassagen: unterstrichen
- schnellere Textpassagen: *kursiv*

WENN DAS BOLGURU KATTEKELT

Die **Schnole flübbert nicht**,/ *wenn das* **Bolguru** nicht **kattekelt**./ **Wenn** *die Schnole flübbert,/* dann **glottert**/ oder **kattekelt**/ **das Klatterdei**./ *Und wenn das* **Bolguru/ nicht schnögert**,/ dann/ *flübbert das* **Klatterdei nicht**./ *Wenn der* **Feibilus kattekelt**,/ *dann* **flübbert** *das* **Klatterdei nicht**./ *Und wenn der Feibilus* **nicht flübbert**,/ **dann** *flübbert das* **Klatterdei**./ Jedes Tier macht **etwas** *von dem, was hier genannt ist,/* und **keine zwei** *Tiere tun* **dasselbe**./ Wer tut was?

Für uns ist nur der sprecherische Aspekt dieses Rätsels relevant, die mathematische Lösung der Aufgabe (siehe Seite 240) ist meiner Meinung nach äußerst schwierig. Durch Betonungen werden deine Inhalte schärfer gestellt, so wie ein unscharfes Foto Kontur und Kontrast erlangt, indem du am Objektiv drehst. Wenn du durch die Kamera auf das Bild schaust, entscheidest du, worauf der Fokus gerichtet werden soll. Der viereckige Sucher will auf das Wichtige, das Schöne, auf das Zentrale gerichtet werden. Du nimmst dadurch den Betrachter an der Hand und lenkst seinen Blick. Du kennst das Bild, der Betrachter kennt es nicht.

Dasselbe gilt für deine Präsentation oder deinen Vortrag: Du führst dein Publikum durch deine Inhalte, bist Meister auf dem Gebiet und gibst den Zuhörern Orientierung. Welche Rolle spielt dabei der Sprechausdruck? Er wird durch deine Betonungen lebendiger. Es liegt in deiner Hand und an der

Art des Vortrages, wie du das Gesagte betonst. Meiner Erfahrung nach tendieren viele Menschen dazu, vor Publikum sehr sachlich zu werden (vielleicht, um sich nicht angreifbar zu machen). Aber gerade, wenn wir eine Vortragende als Persönlichkeit spüren dürfen, hören wir gerne zu. Du darfst demnach ruhig in dich hineinschauen lassen – so viel sich in der jeweiligen Situation stimmig für dich anfühlt. Wenn dir ein Teil deiner Vorlesung, Rede oder Präsentation besonders am Herzen liegt, darf man das ruhig hören. Sollte dich dein Thema in einem Aspekt empören, teile diese Empörung mit deinem Publikum. Deine Gesprächspartner und dein Publikum werden durch deinen Sprechausdruck auf einer nonverbalen Ebene in dein Thema involviert. Spricht eine Meeresbiologin über die Verschmutzung der Meere und die dadurch bedrohten Arten, so wird sie an Authentizität und Kongruenz gewinnen, wenn das Auditorium ihre Sorge, Empathie und Empörung spüren darf. Der Sprechausdruck trägt wesentlich zum Verständnis der Inhalte bei. Es ist besser, sich zu versprechen, als sich durch ein Zuviel an Zurückhaltung zu distanzieren.

Übung für den Sprechausdruck

»Bis morgen müssen wir damit fertig sein.«

Sage diesen Satz in unterschiedlichen Stimmungen: fröhlich, traurig, aggressiv, müde, liebevoll und nachdenklich.

Hier sind noch weitere Übungssätze für dich:

- »Ich werde sofort etwas tun.«
- »Das muss noch warten.«
- »Diese Frage ist besonders wichtig.«

Ich möchte dich einladen, mit deinem persönlichen Sprechausdruck zu experimentieren. Auch diese Übung ist, ähnlich wie die Stimm-Modulationsübung, zur Landgewinnung gedacht. Wieder eroberst du in der Übung deutlich mehr Land, als du später beim Sprechen brauchst. Das Ziel ist nicht, dass du vor den Gesprächspartnerinnen oder dem Publikum in Tränen zerfließt, ausrastest und herumschreist. Doch dein persönlicher Bezug zum Thema – deine Begeisterung, Sorge oder Empörung – soll für deine Gesprächspartnerinnen spürbar sein – damit bist du authentisch.

Wichtig für dich: Alles rein in deine Toolbox!

Natürlich lassen sich die einzelnen Sprechtechnik-Tools nicht auseinanderdividieren, es geht letztlich immer um ein Zusammenspiel aller Faktoren: Wenn wir die Lippen wenig bewegen, wird die Stimme kaum bunt und frei modulieren können. Sprechen wir ohne Punkt und Komma, wird unser Vortrag möglicherweise monoton klingen. Entwickeln wir aber ein Bewusstsein für die eigenen sprecherischen Gestaltungsmöglichkeiten, werden wir in der Lage sein, auch während des Sprechens immer wieder da und dort nachzuschärfen, um den Vortrag so noch besser zu machen.

Ich möchte dich einladen, deine Toolbox immer dabeizuhaben. Nimm sie mit in dein Meeting, zu deiner Präsentation oder zum Rednerpult. Wenn du bemerkst, dass du zu stammeln beginnst, greife zum Artikulations-Tool und lasse alle Laute wieder bewusst klingen. Stellt dir jemand eine Frage, die du nicht sofort beantworten kannst, wirst du vielleicht vor Aufregung immer schneller. Greife dann bewusst zum Punkte-Tool. Auch das Betonungs-Tool steht dir immer zur Verfügung, solltest du merken, dass dein Vortrag mehr Buntheit braucht. Und: Mit deinen hübschen Elefantenohren darfst du die Lebendigkeit deines Vortrages genießen. Dann werden es auch – du weißt schon – deine Gesprächspartner tun.

6.
Körpersprache – selbst-bewusst im Dialog

Bevor du jede Menge über Körpersprache, ihre Wirkung nach außen, ihre Wurzeln in der inneren Haltung und ihr Zusammenspiel mit Atem, Stimme und Stimmung erfährst, möchte ich dich auf eine kleine Beobachtungstour einladen. Stelle dir bitte folgende Situation vor: Du bist am Weg nach Hause, es ist später Abend, du bist allein. Kein Mensch ist unterwegs. Du genießt die Stille. Da kommt dir nun doch jemand entgegen … Wie lange brauchst du, um eine Fülle an Informationen über diese Person zu bekommen? Eine Minute? Zehn Sekunden? Einen kurzen Moment?

Oder: Du nimmst an einem Seminar teil. Alle Teilnehmer sitzen im Kreis und sind in eine Aufgabe vertieft. Plötzlich poltert jemand herein, alle schauen zur Tür: Wie lange brauchst du, um die Person einzuschätzen?

Oder: Ein neuer Kollege soll heute ins Büro kommen. Beim Meeting um 11:00 Uhr soll er vorgestellt werden. Du betrittst den Raum, er sitzt schon da. Wie lange brauchst du, bis du den neuen Kollegen gescannt und eingeordnet hast? Genau, nur einen Augenblick!

Innerhalb eines Moments sind wir in der Lage, uns ein Bild zu machen: Wirkt der neue Kollege unsicher und verlegen oder ruhig und souverän? Wie alt ist er ungefähr? Finde ich ihn attraktiv, ist er interessant? Wo steht die Person in der Hierarchie, über mir, unter mir oder auf Augenhöhe? Werde ich gut mit ihm zusammenarbeiten können, ist er mir sympathisch? Die nonverbale Information reicht aus: Noch bevor das erste Wort fällt, habe ich einen Eindruck gewonnen. Kommen wir zurück zur Seminarsituation. Ist die Person einfach spät dran, gehört sie zu uns? Oder hat sie sich im Raum geirrt? Wir lesen es an der Körpersprache. Noch bevor sie ein Wort sagt, wissen wir schon eine ganze Menge über sie. Die entgegenkommende Person am späten Abend – Mann oder Frau? Sucht meinen Blick, wird mich womöglich ansprechen, jetzt im Dunkeln? Gefährlich? In Sekundenschnelle schätzen wir jemanden ein, vergleichen mit Bekanntem und ordnen die Person in die passende Schublade ein.

Über unsere Wahrnehmung

Wir nehmen einander vor allem nonverbal wahr. Über Körpersprache und über den Klang der Stimme. Warum steht nicht das gesprochene Wort im Vordergrund unserer Wahrnehmung? Das wäre doch viel einfacher, wenn man an die Übermittlung von Inhalten denkt!

Die Verarbeitung von Reizen im Gehirn spielt dabei eine wesentliche Rolle. Der älteste Teil des Gehirns, das Stammhirn, nimmt nonverbale Signale innerhalb von Sekundenbruchteilen wahr, um unser Überleben zu sichern: Droht Gefahr? Es war in Urzeiten weitaus wichtiger, das Mammut rechtzeitig zu erspähen und zu flüchten, als mit ihm über die aktuellen Börsenkurse zu diskutieren. Die Börsen-Informationen laufen über den präfrontalen Cortex, die Großhirnrinde. Sprache gibt es seit etwa 20.000 Jahren, das ist eine äußerst kurze Zeitspanne im Vergleich zum Bestehen der Spezies Mensch. Die ältesten unserer Vorfahren lebten vor rund 6 Millionen Jahren. Das überlebensnotwendige Stammhirn ist seitdem die Nummer eins geblieben, es ist nach wie vor schneller als das Großhirn. Deine körpersprachlichen Botschaften landen darum früher bei deinen Gesprächspartnern als jede kognitive Information. Im Klartext heißt das: Wir können unsere weltbewegenden Inhalte verloren geben, wenn wir sie unseren Gesprächspartnern mit den Füßen in Richtung Ausgang, den Armen verschränkt und dem Blick auf den Boden gerichtet präsentieren. Sie werden nicht ankommen. Niemand wird die Relevanz und Schönheit unserer Worte erkennen können, und sei er uns noch so wohlgesonnen. Wir können aber auch die belanglosesten Inhalte überwältigend lebendig und ansprechend übermitteln, sodass man uns andächtig zuhört. Mit dem richtigen WIE! Am St. Veiter Wiesenmarkt gibt es einen Fensterputztuch-Verkäufer, der immer von Leuten umringt ist, bei jedem Wetter, zu jeder Tageszeit. Du kannst dir die Komplexität seiner Inhalte bestimmt vorstellen.

Über Scheu und Reichtum

In meinen Workshops und Seminaren ist mir aufgefallen, dass viele Menschen eine gewisse Scheu und ängstliche Zurückhaltung vor dem Thema Körpersprache haben. »Oje, ich werde durchschaut, meine Schwächen werden erkannt, entlarvt und bloßgestellt, ich werde ausgelacht, ich werde wie nackt vor allen dastehen, wie peinlich und wie unangenehm.« Hier die erschütternde Nachricht für dich: Wir sind mit feinsten Tentakeln der Wahrnehmung füreinander ausgestattet, wir sehen, hören, riechen und begreifen sowieso und in jedem Fall eine ganze Menge voneinander. Möchte ich besser, klüger, größer oder erfolgreicher wirken, als ich bin, jünger, attraktiver oder eloquenter, reicher oder gebildeter – so wird sich diese Bemühung in vielen körpersprachlichen, stimmlichen und auch sprachlichen Feinheiten äußern. *Ich möchte dich einladen, dich so zu zeigen, wie du bist.*

»Der Körper ist der Handschuh der Seele, seine Sprache das Wort des Herzens«, sagt Samy Molcho. Am Körper können wir ablesen, wie es einem Menschen geht. Ob die Person zögert oder schmunzelt, von hier weg will oder eine Frage hat. Ich möchte mich hier nicht mit der Verstellung, der Bemühung, etwas vorzuspielen, der Lüge beschäftigen. Immer wieder werde ich von Workshop-Teilnehmern gefragt: »Wie kann ich lügen, sodass es keiner merkt?« Gar nicht! Wer Körpersprache lesen kann, wird lesen. Du kannst dir zur Verfügung stellen, was dich stark macht, und das im richtigen Moment. Was ist das nun genau, was dich stark macht? Woraus besteht das vielgepriesene selbstsichere Auftreten, was brauchst du dazu? Wir sind reich an Körpersprache, immens reich an Möglichkeiten, die uns zur Verfügung stehen. Wild, bunt und höchst lebendig verwenden wir unser Körpersprache-Vokabular, meist unbewusst, den ganzen Tag und in jeder Lebenslage. Wir neigen liebevoll den Kopf, wir stemmen empört die Hände in die Seiten, wir lächeln bemüht, wir rümpfen die Nase angesichts einer unangenehmen Idee, wir schieben ein Argument mit der Hand weit von uns, wir wippen gelangweilt mit dem Fuß. Wir ziehen die Augenbrauen überrascht hoch oder wir breiten die Arme weit aus vor Freude. Wir heben ratlos die Schultern, wir nesteln nervös an den eigenen Fingern, wir wenden genervt den Bick ab, wir lehnen uns zurück, um etwas Abstand zu gewinnen, wir schauen ins Leere, um uns aus der Gegenwart wegzustehlen, wir senken beschämt den Blick ... Die Liste ist lang, sehr lang.

Jetzt kommt aber eine tolle Nachricht für dich: Es gibt keine gute Körpersprache und keine schlechte Körpersprache. Es gibt nur Vielfalt, deine Vielfalt, die dir zur Verfügung steht. Was brauchst du wann? Was brauchst du für die Situation, in die du gleich gehen wirst? Wann fühlst du dich sicher, stark und frei? Was brauchst du, um gleich souverän und selbstsicher den Raum zu betreten? Wähle bewusst, was du brauchst. Lerne deine Körpersprache immer besser kennen. Lasse weg, was dich passiv, klein oder ängstlich macht, – und stelle dir die Körpersprache zur Verfügung, mit der du dich sicher und frei fühlst.

Ich möchte hier betonen: Wir dürfen alles Mögliche, auf dem Sofa lümmeln zum Beispiel oder die Beine überschlagen, den Fuß dabei noch unter die Wade wickeln und auf den Händen sitzen. Da treten wir ja auch nicht in Dialog. Was ist hilfreich für deine Kommunikation? Diese Frage bitte ich dich im Laufe der nun folgenden Körpersprache-Experimente für dich selbst zu beantworten. Was aus deinem Körpersprache-Repertoire brauchst du, damit deine Kommunikation erfolgreich wird.

Ja- und Nein-Einstellung

Erinnere dich an den »Willkommens-Modus« (Seite 48): Das Tor zur Welt, der Mund, öffnet sich bereitwillig, wenn wir in Kontakt gehen wollen. Wir machen hingegen die Tür zu, wenn wir uns gerade nicht auf einen Dialog einlassen möchten. Nicht nur der Mund, nicht nur die Lippen werden mitunter fest verschlossen, wir haben noch viele andere Strategien parat. Wir bauen eine Barriere auf, verschränken die Arme, wir lassen den Oberkörper nach hinten nachgeben und gewinnen damit mehr Abstand zur Außenwelt, wir ziehen die Schultern hoch und schützen dadurch unseren verletzlichen Hals. Wölfe beißen einander in den Hals. Einst wurden auch wir von Feinden an dieser verletzlichen Stelle, an der Halsschlagader, gebissen und getötet. Nun beißt uns jedoch niemand mehr in den Hals!

Doch auch die Anwesenheit einer gefürchteten Person, eine mögliche heikle Frage oder ein Argument gegen den eigenen schönen Inhalt können uns, im übertragenen Sinne, in den Hals beißen. Auch ein plötzliches lautes Geräusch lässt uns schützend die Schultern hochziehen: Das Verhalten aus Urzeiten sitzt tief. Ist die Außenwelt gerade zu laut, zu grell, zu beängstigend oder einfach zu stressig, machen wir die Luken dicht. Auch die Augen werden zugekniffen und die Handflächen geschlossen, wir wollen nichts hören, der Körper sagt Nein.

Im Gegensatz dazu öffnen wir Tür und Tor, alle unsere Sinne, gerne für Schönes, Erfreuliches und Angenehmes. Wir lächeln weich, wir öffnen Arme und Hände, Augen und Mund, wir hören bereitwillig jedes Wort, wir nähern uns sogar dem erfreulichen Gegenüber. Wir gehen in Kontakt. In Verbindung. In Dialog. Der Körper sagt in seiner machtvollen Sprache Ja. Das sind in Kurzform unsere beiden grundlegenden Körpersprache-Einstellungen: Ja und Nein. Du wirst schon ahnen, welche du dir bewusst zur Verfügung stellen solltest, um überzeugend zu kommunizieren …

Abb. 14: die körpersprachliche Nein-Einstellung

Abb. 15: die körpersprachliche Ja-Einstellung

Bewusst in Dialog gehen: Verbindung zu den Gesprächspartnern herstellen

Ich lade dich zu einer Reise in das weite Feld der Körpersprache ein. Diese Welt öffnet sich, wenn wir mit all unseren Sinnen, mit unseren komplexen Muskelschichten, Geweben und Knochen, dem feinen Mobile unseres Körpers, etwas ausprobieren und *hinspüren. Wenn wir uns sammeln und der Körper-Empfindung lauschen.* Wie wirkt diese Haltung auf mich, wie fühlt sich das gerade für mich an? Wir machen uns auf die Suche nach insgesamt 5 Kontakt-Bausteinen. Einen davon hast du schon kennengelernt: Es ist dein Grashalm, deine bewegliche Mitte.

Kontakt-Baustein Nummer 1: deine bewegliche Mitte

Mit deiner beweglichen Mitte stellst du dir dein Körperinstrument so zur Verfügung, dass die Atembewegung frei fließen und die Stimme klingen kann. Das ist unser Ausgangspunkt. Die Anleitung dafür findest du im Kapitel »So findest du deine bewegliche Mitte: der Grashalm«, Seite 17. Davon ausgehend möchte ich nun unterschiedliche körpersprachliche Vokabeln auf ihre kommunikative Qualität hin untersuchen. Wir separieren dafür einzelne archetypische Körperhaltungen, wir lösen sie aus dem Kontext, in dem sie normalerweise auftreten, um sie besser zu begreifen. Das ist artifiziell, es ist eine Übung oder vielmehr ein Experiment. Im Leben ist die Sprache des Körpers immer im Fluss und in Bewegung: Körpersprache entsteht aus einem Zusammenspiel vieler Vokabeln und ist wie ein Kaleidoskop ständig in Veränderung. Sie reagiert permanent auf Reize, die wir von der Außenwelt empfangen. Jede Gefühlsregung und jeder neue Gedanke hat eine Bewegung zur Folge.

Körpersprache-Reise

Du brauchst dafür einen kommunikativen Satz, zum Beispiel: »Ich mache Ihnen ein offenes Angebot!« oder »Ich habe tolle Neuigkeiten, da wirst du staunen!« oder »Ich habe eine gute Idee, die wird Ihnen gefallen!« Es soll ein Satz sein, der dir leicht über die Lippen kommt. Du kannst dir einige Gesprächspartner vorstellen, einige Leute, an die du dich richtest. Diese Körpersprache-Experimente sind am einfachsten mit einer Partnerin oder einem Partner zu machen. So kannst du auch die Wirkung der jeweiligen Körperhaltung auf dich selbst überprüfen, indem du deinem Partner zuschaust. Probiere die folgenden Körperhaltungen immer mit deinem kommunikativen Satz aus. Deine Empfindung dabei ist wichtig. Du bekommst – im Anschluss an das Ausprobieren – jedes Mal Informationen über die mögliche kommunikative Wirkung der jeweiligen Körperhaltung.

Körpersprache-Reise: verschränkte Arme

Komme in deine bewegliche Mitte, sitzend oder stehend. Verschränke deine Arme vor dem Oberkörper – der vieldiskutierte Klassiker. Sage nun einige Male deinen kommunikativen Satz. Wie fühlt sich das an, ist das stimmig für dich? Oder passt da etwas nicht? Nun kommt deine Partnerin dran. Was liest du an ihr, was fällt dir auf? Mit deinen Worten drückst du aus, dass du kommunizieren möchtest. Was aber sagt der Körper, wenn du in dieser Situation die Arme verschränkst? Dasselbe? Oder eher: »Ich will meine Ruhe haben, lassen Sie mich«?

Wir verschränken die Arme auch, wenn uns kalt ist. Oder wenn wir uns zurücklehnen: »Ich schau mir das hier mal an, ich bleibe erst mal stiller Beobachter.« In unserer kommunikativen Situation aber sind die verschränkten Arme kontraproduktiv. Sie bauen eine Barriere zwischen Sprecher und Empfänger, eine Dialog-Schranke, über die hinweg du die verbale Botschaft nun tragen und heben musst. Wie anstrengend! Das erschwert den Fluss der Kommunikation erheblich. Wenn wir im Sitzen auch noch die Beine überschlagen, ergeben sich zwei überkreuzte Barrieren, zwei Dialog-Bremsen. Auch übergeschlagene Beine sind, wie alle nonverbalen Signale, immer im situativen und körpersprachlichen Kontext zu sehen.

Exkurs: Über das Phänomen Doppelbotschaft

Du hast gerade versucht, deinen kommunikativen Satz mit verschränkten Armen zu deinen (imaginären) Dialog-Partnern zu transportieren. Höchstwahrscheinlich hast du dabei gespürt, dass das nicht so gut funktioniert. Deine verbale Botschaft unterscheidet sich von der nonverbalen Botschaft: Das bringt Sand ins Getriebe deiner Kommunikation. Zwei unterschiedliche Aussagen zur selben Zeit: eine Doppelbotschaft. Die körpersprachliche Aussage steht dabei, wie wir wissen, immer im Vordergrund. Wir nehmen sie früher wahr als die verbale Botschaft. Nun kannst du über deine schönsten Angebote, Inhalte und Geschichten sprechen. Dein Körper wird viel lauter als alle deine Worte kommunizieren, er wird die ganze Zeit »Ich will lieber in Ruhe gelassen werden« sagen und sich hinter seinem schützenden Zaun verstecken. Doppelbotschaften sind beim Übermitteln von Inhalten nicht hilfreich. Deine Körpersprache soll deine Worte unterstützen und dabei helfen, deine Inhalte zu transportieren. Sie soll mit deiner verbalen Botschaft Hand in Hand gehen und nicht ungefragt oder etwas anderes dazwischenreden. Doppelbotschaften verwirren dein Gegenüber und vermindern die Glaubwürdigkeit.

Abb. 16: nonverbal-verbale Doppelbotschaft

Körpersprache-Reise: die Hände

Komme bitte wieder in deine bewegliche Mitte, den Grashalm, diesmal stehend. Lege deine Hände hinters Gesäß entspannt ineinander.

Sage jetzt deinen Satz und wiederhole ihn einige Male. Spüre aufmerksam hin. Was meinst du, bist du glaubwürdig? Wie wirkt diese Haltung auf dich selbst? Gehst du aktiv in Kontakt oder fühlst du dich passiv und gebremst? Schaue nun deiner sprechenden Partnerin zu. Was strahlt sie aus? Wird hier etwas versteckt?

Die Hände stehen für Handeln, für Aktion und Aktivität. Parken wir die Hände und schließen sie damit aus der Kommunikation aus, so wird die körpersprachliche Botschaft immer eine inaktive sein. Wir haben viele Ideen, um die Hände zu parken: Wir kleben sie seitlich an die Hosennaht, stecken sie tief in die Hosentaschen, wir halten sie ineinander fest oder verstecken sie hinter dem Gesäß.

Deine Hände sind ein wichtiges Kommunikationsmittel, sie dürfen immer mitspielen!

Exkurs: Über die nonverbale Kraft der Hände

1. *Bitte stelle dir etwas Großes vor:* einen Elefanten, einen hohen Kran, eine Stretchlimousine, was immer dir gerade in den Sinn kommt. Erzähle jetzt deiner Partnerin: »Ich habe einen riesigen Elefanten gesehen!« oder »Ich habe einen Kran gesehen, das glaubst du nicht, der war enorm hoch!« Was machen deine Hände und Arme dabei? Von allein? Zeigen sie, wie groß der Elefant und wie hoch der Kran war? Wie lang die Limousine war? Genau! Es wäre kein großer Elefant, würden wir die Hände in den Hosentaschen parken.

2. *Stelle dir etwas sehr Kleines vor:* eine besonders kleine Ameise zum Beispiel. Bestimmt fällt dir etwas ganz Kleines ein. Wie würdest du darüber sprechen? »Ich habe eine Mini-Ameise gesehen, die war sowas von klein ...« Was tun deine Hände dabei? Sie zeigen, wie klein das kleine Etwas ist. Deine Hände machen deine Worte sichtbar und plastisch. Sie bilden ab, was sich in deinem Kopf gerade abspielt. Sie geben deinen Worten und Ideen Gestalt, für einen Moment bauen sie Skulpturen in den Raum vor dir. Diese Moment-Skulpturen sind für deine Gesprächspartner äußerst wichtig, sie geben, zeitgleich mit deinen Worten, eine ganze Menge an nonverbalen Infos. Und damit haben wir:

Kontakt-Baustein Nummer 2: deine Hände

Wir können uns auf die Aussagekraft unserer Hände verlassen, sie tun immer genau das Richtige. Sie stehen in direkter Verbindung zum Gehirn und zu dem während des Gesprächs laufenden Denk-Sprech-Prozess. Wie geht das mit den Händen? Richte deine Hände etwa auf Nabelhöhe locker vor dem Bauch ein: Das ist die Startposition und darf Teil deiner beweglichen Mitte werden. Und nun gib deine Hände frei, sie werden von allein deine Inhalte profimäßig mit-transportieren. Beschreibe deiner Partnerin doch bitte, wie du einen Apfelstrudel machst oder einen Reifen wechselst. Fällt dir auf, wie subtil und meisterhaft ein nonverbaler Kochkurs stattfindet? Wie der Wagenheber sichtbar wird? Das sind wertvolle nonverbale Infos für deine Gesprächspartner, sie erleichtern das Verständnis deiner Inhalte.

TIPP

Deine Hände sind bildende Künstler beim Sprechen. Durch ihre oft kleinsten Bewegungen nehmen deine Worte Gestalt an: Sie werden in Form von Moment-Skulpturen, die vor dir entstehen und vergehen, sichtbar. Deine Gesprächspartner bekommen dadurch eine Fülle an nonverbaler Information! Gib deine Hände frei, sie werden von selbst ihre wichtige Rolle beim erfolgreichen Transport deiner Inhalte übernehmen.

Die Achterschleife – für deine freie Gestik

Im Stehen oder Sitzen: Eine Hand malt eine liegende Achterschleife in die Luft. Sie sollte 40 bis 50 Zentimeter groß sein und auf Hüfthöhe gezeichnet werden. Die eine Hälfte vor deinem Körper, die andere seitlich davon. Die Handfläche zeigt dabei mal nach oben, mal nach unten. Genieße die Beweglichkeit deiner zahlreichen Fingergelenke. Spürst du die Luft zwischen deinen Fingern, an der Handfläche und am Handrücken? Nimm dir Zeit dafür. Hätte die Luft eine Farbe, so würdest du deine schönen Achterschleifen sehen können. Konzentriere dich nun fünf bis zehn Achterschleifen lang auf dein Handgelenk, genieße die Geschmeidigkeit. Und dann auf dein Ellbogengelenk. Darf sich das Schultergelenk auch beteiligen? Dadurch vergrößert und verringert sich der Abstand zwischen deinem Oberarm und deinen Rippen. Erlaube dir bewusst Raum, so, als ob deine Achselhöhle auch atmen dürfte. Lasse dann den Arm locker hängen und vergleiche die beiden Seiten. Was fällt dir auf? Ist da mehr Abstand, mehr Bewegungsraum für deine Arme und Hände entstanden? Jetzt kommt die andere Hand dran. Male wieder schöne Achterschleifen in die Luft, mache die Abläufe wie zuvor noch einmal. Vergleiche dann wieder die beiden Seiten. Im letzten Schritt male mit beiden Händen zugleich die allerschönsten Achterschleifen. Die dürfen nun auch größer und kleiner werden, male auch Linien, Kringel oder Girlanden, bemale deinen Raum und genieße die Beweglichkeit deiner Hände und Arme. Male auch kleine und detaillierte Linien mit deinen beweglichen Fingern vor dich in den Raum. Und dann wieder weite Schleifen. Lasse die Bewegungen langsam kleiner werden, deine Hände dürfen jetzt auf Nabelhöhe landen, sehr locker. Etwas Raum bleibt unter den Achseln erhalten.

Das soll das Zuhause deiner Hände sein, wenn du sprichst. Von hier aus dürfen die Hände kleinere oder größere Gesten, kleinere oder größere Moment-Skulpturen in den Raum stellen – um danach wieder hierher zurückzukehren. Bitte probiere auch aus, mit den Händen seitlich an der Hosennaht geparkt loszusprechen. Wie fühlt sich das für dich an – unangenehm, gehemmt oder verlegen?

TIPP

Das Zuhause für deine Hände befindet sich, wenn du sprichst, locker vor dem Nabel. Von hier aus dürfen die Hände sich frei bewegen und deine Inhalte zu deinen Gesprächspartnern transportieren. Kleine oder größere Gesten, eckig oder rund, zackig oder langsam und fließend: Du kannst dich darauf verlassen, dass es die zu deinem Inhalt passende Gestik sein wird, denn: Hände und Gehirn sind immer in Verbindung.

Hände und Vertrauen: Die Handflächen sind äußerst empfindsam, sie sind, wie auch die Fingerkuppen, mit einem dichten Nervengeflecht ausgestattet. Nicht in allen Kulturen ist es üblich, einander zum Gruß die Hand zu reichen. Für manche Menschen ist dieser Kontakt zu intim: warm, weich, vielleicht verschwitzt ... Die Handfläche zieht sich in diesem Fall beim Händedruck leicht zusammen und versucht den direkten Kontakt tunlichst zu vermeiden. Die Handflächen – und das ist für unsere kommunikative Situation sehr wichtig – sind persönliche Energiezentren, über die wir Verbindung zu anderen Menschen herstellen. Versuche jemanden mit geschlossenen Handflächen willkommen zu heißen, halte dafür deine Hände aneinander fest oder mache lockere Fäuste. Und dann öffne mit einem Willkommensgruß deine Handflächen zu den (imaginären) Gesprächspartnern. Wenn deine Partnerin dich so begrüßt, was lösen die offenen Handflächen in dir aus? Sympathie? Vertrauen? Die offenen Handflächen geben einen Vertrauensvorschuss. Sie laden ein und lassen ein warmes und freundliches Miteinander entstehen.

Abb. 17:
die Hände schaffen
Verbindung

Abb. 18: inaktive Hände hemmen die Kommunikation

> TIPP
>
> Zeige deinen Gesprächspartnern und deinem Publikum immer wieder mal deine Handflächen, während du sprichst: So gehst du freundlich und offen in vertrauensvollen Kontakt.

Körpersprache-Reise: wie wir stehen

Bitte komme wieder in deinen neutralen Raum, deine bewegliche Mitte, diesmal im Stehen.

Schmal stehen: Stehe bitte schmal, die Füße sind nah aneinander. Lege deine Arme seitlich nah an den Oberkörper an. Teste diese Körperhaltung einige Male sprechend mit deinem kommunikativen Satz. Wie fühlt sich das an? Und was kannst du an deiner Partnerin ablesen? Ist sie souverän? Überzeugend? Selbstsicher? Höchstwahrscheinlich nicht. Welchen Job würde man einer Person, deren gewohnte Körperhaltung derart schmal ist, anbieten? Du nimmst dir gerade keinen Raum, überhaupt keinen. Auch deine Kugel fühlt sich mit Sicherheit armselig an. Dein kommunikativer Satz klingt wahrscheinlich kläglich und leise.

In strengen Hierarchien findet man diese Körperhaltung häufig – am unteren Ende. Ein Soldat soll sich nicht unbedingt frei seinen Raum nehmen, sich kreativ verwirklichen und als Individuum sichtbar werden. Er soll Befehle empfangen und sie ausführen, er muss gehorchen und wie alle anderen funktionieren. Die Uniform dient zusätzlich dazu, alle optisch gleichzumachen. Die Arme auszubreiten wäre in diesem Fall ein No-Go. Verbale und nonverbale Botschaft sprechen hier offensichtlich zwei verschiedene Sprachen. Eine klare Doppelbotschaft also! Bevor du zur nächsten Übung kommst, schüttle deine Arme und Beine aus.

Breit stehen: Lasse jetzt bewusst locker und spanne den Körper nicht mehr so stark an. Schüttle deine Arme und Beine aus. Stelle dich dann etwas breiter als hüftbreit hin. Spüre genau hin: Was wollen deine Kniegelenke tun? Einschnappen, festmachen, blockieren? Sage nun laut deinen kommunikativen Satz. Was fällt dir auf? Beobachte bitte auch dein sprechendes Gegenüber in seinem breiten Stand. Du wirst auf deiner Körpersprache-Reise vielleicht feststellen, dass dir manche Körperhaltungen vertraut sind und andere weniger. Auch wenn sich das vielleicht gerade fremd für dich anfühlt, probiere es einige Male aus. Diese Körperhaltung ist die selbstverständliche Lebensgewohnheit vieler Menschen. Verändert sich deine Stimme? Sprichst du vielleicht lauter und forscher? Vergrößere diese Körperhaltung, indem du dich auch oben breit machst: Lege deine Hände an die Hüften, die Ellbogen zu den Seiten weggestreckt. Wie fühlt sich das jetzt – sprechend – für dich an?

Du nimmst dir in dieser Körperhaltung gerade sehr viel Raum und das mit hoher Körperspannung: »Das ist mein Revier!« Die Ellbogenspitzen werden (unbewusst) auch oft als Waffe eingesetzt. Wir machen uns breit und verteidigen unser Territorium: »Geh weg von hier, das ist mein Platz!« Dieser Revieranspruch hat etwas Aggressives, er wird unsere Gesprächspartner einschüchtern und ihre Ohren und Herzen nicht für unsere Inhalte öffnen. Die Kommunikation wird in diesem Fall möglichst schnell beendet – oder zu einer Pflichtübung. Diese Körperhaltung kann auch Ärger auslösen, warum sollte dein Gegenüber akzeptieren, dass es dein Revier ist? Wieder sagt hier dein Mund etwas anderes als dein Körper.

TIPP

Stehe etwa beckenbreit, besser noch etwas schmäler: hüftgelenksbreit. Schon Platon forderte in seiner Rhetorikschule »schrittbreites Stehen« von seinen Schülern. Kultiviere deine bewegliche Mitte, von der aus du blitzschnell auf alle Impulse - von außen und innen - reagieren kannst. Bleibe beweglich in den Beingelenken. Das erlaubt dir freie Atembewegung und öffnet den Zugang zu deinen Ressourcen.

Körpersprache-Reise: die Brust

Eingesunkene Brust: Lasse das Brustbein einsinken, nach innen, nach unten. Lasse mit dem Ausatmen deine Brust nachgeben, nach innen und unten etwas einsinken, die Schultern rollen dabei leicht nach vorne. Teste sie jetzt mit deinem Satz. Du weißt schon, was diese Haltung mit sich bringt: Kraftlosigkeit, Verzagtheit, wir fühlen uns tendenziell inaktiv, deprimiert und schwach. Wieder eine Doppelbotschaft! Wieder sagt dein Körper etwas ganz anderes als deine kommunikative, kraftvolle verbale Botschaft. Bis jetzt haben wir ausschließlich Doppelbotschaften erlebt. Nun kehre in deine bewegliche Mitte zurück.

Gehobene Brust: Hebe diesmal die Brust hoch, wieder mit dem Atem, mit jedem Atemzug einen Millimeter. Wenn du ausreichend aufgeplustert bist, sage deinen kommunikativen Satz. Wie fühlt sich das an? Hast du vielleicht das Bedürfnis, dich zu bewegen, nach vorne, auf deine (imaginären) Gesprächspartnerinnen zu? Wollen deine Hände und Arme mitmachen? Was siehst du an deiner Partnerin? Die gehobene Brust geht gern mit einem weiteren körpersprachlichen Vokabel einher: mit großen Gesten. Sprich nun einige Sätze. Spüre hin: Hast du Interesse an deinem Gegenüber? Oder könntest du jetzt durchaus in einen Redeschwall verfallen? Nimmst du deinen Gesprächspartner nur peripher wahr?

Wo finden wir häufig Personen in diesem körpersprachlichen Modus, was meinst du? Donald Trump trat oft mit gehobener Brust vor die Kamera. Wir finden diese Körperhaltung häufig (nicht immer!) im Zentrum der Aufmerksamkeit: im Fokus, im Rampenlicht. Die Gefahr, andere zu übersehen oder zu unterbrechen, ist dabei groß. Wenn das passiert, sind wir wiederum in einer körpersprachlichen Doppelbotschaft und nicht im kommunikativen Dialog, sondern in einer Einbahnstraße gelandet. Natürlich kann man auch hier nicht verallgemeinern. In einer anderen Situation und im Kontext mit weiteren körpersprachlichen Vokabeln wird auch eine gehobene Brust den Dialog nicht stören, zum Beispiel, wenn wir uns (unbewusst) etwas größer machen, weil neben uns eine Person steht, die uns bei Weitem überragt und wir dabei in Kontakt über Hände und Atem zu den Gesprächspartnern gehen. Im nächsten Beispiel untersuchen wir die körpersprachliche Bedeutung der Brust.

Experiment »Meine beste Freundin«: Komme in deine bewegliche Mitte zurück. Zwei Extreme hast du gerade ausprobiert: die Brust einsinken zu lassen und über die Mitte hinaus hochzuheben. Hier eine Übung für dich allein, diesmal ohne Partner: Denke an Menschen, die du gernhast, oder an Dinge, die du magst. Bitte sage halblaut zu dir selbst zum Beispiel »Meine beste Freundin«, »Mein liebster Freund« oder »Mein »Lieblingsprojekt« oder »Mein Zuhause«. Wohin möchte deine Hand dabei gehen? Probiere es aus. Nimm dir wieder ausreichend Zeit dafür. Geht die Hand an die Stirn? Nein, natürlich nicht. Zum Bauch? Eher nicht. Wahrscheinlich geht die Hand zur Brust. Stimmt das für dich? »Meine beste Freundin.« Will eine Hand sich mit diesen Worten auf die Brust legen, in die Mitte unter das Kehlgrübchen oder etwas tiefer, auf Herzhöhe?

Die Brust gilt körpersprachlich als der *Sitz des Ich.* Lassen wir sie einsinken, so geht der mächtige Sitz des Ich in sein Schneckenhaus. Die Präsenz geht damit in den Keller. Wir ziehen uns zurück. Das dürfen wir selbstverständlich. Nur in welcher Situation? Und wann lieber nicht? Körpersprache ist immer Ausdruck der momentanen Befindlichkeit. Hatte ich gerade ein unerfreuliches Gespräch mit meiner Chefin und habe beispielsweise die erhoffte Zusage für ein Projekt nicht erhalten, so werde ich mich körpersprachlich beleidigt zurückziehen. Das ist in diesem Moment für mich tröstlich. Das Schneckenhaus ist aber nicht hilfreich, es ist sogar kontraproduktiv, wenn wir gerade eine Präsentation halten oder dem Leading-Team die Arbeit der letzten fünf Wochen erläutern sollen. Es macht uns klein und unscheinbar. Wir werden möglicherweise sogar übersehen, wenn der Sitz des Ich sich nach innen verkrümelt. Der Kellner überhört unser »Darf ich bitte zahlen?« und im Blumenladen kommen drei Leute vor uns dran, die in der Schlange hinter uns waren.

Heben wir den Sitz des Ich über die Mitte hinaus, plustern wir uns auf wie ein eitler Gockel, so wird man uns wahrscheinlich als egozentrisch wahrnehmen. Bestimmt kennst du Vielredner, die sich gerne in den Mittelpunkt spielen und nicht merken, dass keiner mehr zuhören möchte. Eher unsympathisch, oder? Wieder eine Doppelbotschaft: Dieser körpersprachliche Modus sucht gar nicht erst den Kontakt zu den Gesprächspartnern. Er will vor allem eines: Bewunderung.

Welche Rolle spielt der Sitz des Ich nun in der Kommunikation? Wenn du mir deine volle Aufmerksamkeit schenkst und dich mir zuwendest, wird deine Brust parallel zu meiner sein. Das ist ein sehr intensiver Moment der Begegnung. Mit dem Brust-Energiezentrum, dem Sitz des Ich, versorgen wir das Gegenüber mit unserer Zuwendung und Aufmerksamkeit. Es ist meine Aufgabe als Vortragende oder Präsentierende, als Inhaltsübermittlerin, alle Anwesenden zu versorgen. Angenommen, du hältst einen Vortrag und ich sitze im Publikum, 5. Reihe links, 2. Platz von außen. Ich höre aufmerksam zu, dein Thema interessiert mich. Hin und wieder bekomme ich deinen Blick. Ich werde mich (unbewusst) bald vernachlässigt fühlen. Dein Blick allein reicht nicht aus! Ich möchte (wiederum unbewusst), dass diese wichtige Person, die hier so lange Raum einnehmen darf, die hier unser aller Zeit und Ohr bekommt, mich wahrnimmt. Ich wünsche mir deine Zuwendung!

Kontakt-Baustein Nummer 3: die Brust

Abb. 19: das Brustlicht

So findest du dein Brustlicht

Stelle dir bitte vor, dass ein warmes Licht aus der Tiefe deines Brustraumes strahlt, kraftvoll und angenehm. Lege bitte noch mal deine Hände hierhin, auf deinen so wichtigen und mächtigen Sitz des Ich. Dein Herz ist nahe dran, hier sind Herzenswärme, Persönlichkeit und viel Kraft beheimatet. Spüre zärtlich hin. Spürst du, wie das Licht sanft in deine Handfläche strahlt? Spürst du auch die leichte Atembewegung unter deinen Händen? Nimm dir einige Minuten Zeit dafür. Lass die Hände nun wieder sinken und behalte die Körperempfindung für dein kraftvolles Brustlicht bei. Stelle dir bitte ein Publikum vor, einige Stuhlreihen. Lasse dein warmes Licht – wie einen 200.000-Watt-Fluter über ein Fußballstadion – über alle Anwesenden gleiten. Beleuchte in einer fließenden Bewegung alle, von links nach rechts und wieder zurück. Wie organisierst du diese Bewegung von Kopf bis Fuß in deinem Körper? Probiere es aus – deine Füße dürfen sich leicht mitbewegen. Es gibt kein allgemeingültiges Rezept. Was sich stimmig für dich anfühlt, ist gut, vorausgesetzt dein machtvolles Licht kann alle deine Gesprächspartnerinnen mit seiner Kraft und Zuwendung erreichen. Und nun wird deine Stimme aktiv. Zähle von 1 bis 20 oder sag das ABC auf. Dein Brustlicht darf dabei weiterhin das imaginäre Publikum versorgen. Bewege deine Brust, bis sie sich geradeaus auf die Brust der äußersten Person richtet, und wieder zurück über die Mitte, dann zur anderen Seite und wiederum zurück zur Mitte … Auch die Äußersten sind mit dem Licht zu versorgen. Im nächsten Schritt sage bitte einige Sätze deiner Wahl. Wähle bitte einen für dich einfachen Inhalt dafür, beschreibe zum Beispiel, wie man ein gutes Frühstück zubereitet, oder erzähle von einem sehenswerten Ort. Mache dich vertraut mit deinem persönlichen Zuwendungsscheinwerfer!

TIPP

Versorge deine Gesprächspartnerinnen und dein Publikum mit deiner vollen Zuwendung und Aufmerksamkeit. Die Richtung der Brustmitte ist dafür ausschlaggebend: Stelle dir hier einen warmen Scheinwerfer vor, mit dem du - in Bewegung - alle anwesenden Personen anstrahlst, wenn du einen Inhalt übermittelst.

Körpersprache-Reise: hochgezogene Schultern

Bitte komme wieder in deine bewegliche Mitte. Nun hebe deine Schultern etwas hoch, ein paar Zentimeter. Spürst du die jetzt erhöhte Muskelspannung? Was machen deine Oberarme, wie viel Raum hast du unter den Flügeln? Sprich deinen kommunikativen Satz aus dieser Körperhaltung. Wie fühlt sich das für dich an? Sieh bitte auch deiner Partnerin dabei zu. Was kannst du an deinem Gegenüber ablesen? Kommt die kommunikative verbale Botschaft überzeugend an? Fühlst du dich selbst dabei frei? Stark? Bist du gespannt auf die Neuigkeiten? Ich nehme an, das ist nicht der Fall. Ängstlich, vorsichtig, schutzbedürftig, klein und verletzlich wirken die hochgezogenen Schultern meist nach außen.

Wie bereits am Anfang des Kapitels erwähnt, schützen wir den verletzlichen Hals, wenn wir uns fürchten. Das ist von außen sichtbar und es hat einen Effekt auf den Klang der Stimme, sie wird dabei meist leiser, enger und höher. Selbst wenn wir aus dieser Haltung die Widerlegung der Relativitätstheorie präsentieren, würde sie nur schwächlich in den Ohren des Publikums landen. »Oh die Arme, sie hat Angst«, das ist noch das Netteste, was ich mir als Reaktion erwarten kann, … wenn jemand mich mag. Wenn mich jemand nicht kennt, werde ich unter Umständen ausgemustert, ich lande wahrscheinlich in der Schublade für ängstliche Mäuschen und werde als nicht ebenbürtig und nicht auf Augenhöhe eingestuft.

TIPP

Entspanne deine Schultern, bevor du sprichst. Sie dürfen locker auf dem Brustkorb ruhen - in einer angenehmen Schwere. Dein Atem und deine Stimme werden dadurch freier fließen. Du nimmst dir damit leichter Raum und deine Gestik wird davon profitieren!

Körpersprache-Reise: das Kinn

Gehobenes Kinn: Hebe bitte dein Kinn hoch, etwas über die Mitte.

Du erinnerst dich bestimmt an deine bewegliche Mitte: Dein Kopf darf auf dem letzten Halswirbel balancieren, leicht drehbar und angenehm beweglich. Wenn du das Kinn hebst, geht diese Beweglichkeit verloren. Spüre die erhöhte Muskelspannung in der Nackenmuskulatur.

Und nun sage deinen Satz zu deinen imaginären Gesprächspartnern. Was fällt dir auf? Entsteht hier Kontakt? Schau auch deiner Partnerin zu. Wie wirkt der kommunikative Satz aus dieser Körperhaltung auf dich?

Du wirst bestimmt schon erspürt haben, dass diese Körperhaltung überheblich oder arrogant wirkt: »Ich bin was Besseres als du.« Ich möchte hier noch mal betonen, dass in einer nichtkommunikativen Situation und gemeinsam mit anderen körpersprachlichen Vokabeln eine ganz andere Außenwirkung entstehen kann. Sehen wir ein Reh in einiger Entfernung am Waldrand stehen, werden wir vielleicht auch das Kinn anheben – um größer zu sein, um besser zu sehen, wir werden vielleicht zeitgleich mit den Händen alle anderen optischen Eindrücke abschirmen, um auf das Reh zu fokussieren. Hier vermitteln wir aber gerade keinen Inhalt. Für unsere kommunikative Situation gilt: Das gehobene Kinn ist nicht hilfreich. Der Blick kommt aus dieser Haltung von oben, ich erhebe mich damit über mein Gegenüber und gehe aus dem Kontakt. Wirkt das selbstsicher und überzeugend? Nein, Überheblichkeit kommt nicht gut an, wir mögen sie nicht. Aus irgendeinem Grund weiche ich aus, ich wage es nicht, meinen Gesprächspartnern aus meiner beweglichen Mitte zu begegnen. Wieder ein klarer Fall von Doppelbotschaft. Kehre zurück in den neutralen Raum, in deinen Grashalm.

Tiefes Kinn, gesenkter Kopf: Senke dein Kinn in Richtung Brustbein, wenige Zentimeter. Dein Blick bleibt dabei nach vorne gerichtet. Sage nun deinen Satz. Gehe in Kontakt zu deinen imaginären Gesprächspartnern. Wie fühlt sich das für dich an? Was fällt dir an deiner Partnerin oder deinem Partner auf? Wie wirkt diese Haltung auf dich selbst? Souveräner Auftritt? Höchstwahrscheinlich nicht. Dackelblick? Genau.

Wir machen uns mit dem gesenkten Kinn und dem dadurch zum Gegenüber aufschauenden Blick kleiner, als wir sind. Gerne kommt da noch ein Lächeln dazu, das aussagt: »Bitte tu mir nichts, ich bin so lieb.« Wir gehen damit in Kontakt – aber in was für einen? Wir manövrieren uns innerhalb von Sekunden in die Position der Unterlegenen. Ausnahme: Mit hoher Körperspannung kann das gesenkte Kinn zu einer Kampfansage werden. Bevor eine Schlägerei stattfindet, senken die Teilnehmer oft das Kinn, so als ob sie Hörner hätten.

TIPP

Dein Kopf - samt Kinn - darf in seiner beweglichen Mitte auf dem letzten Halswirbel balancieren, wenn du sprichst. Die Kopfposition steuert deinen Blick: Begegne deinem Gesprächspartner weder von oben herab, noch schaue von unten zu ihm auf. Dann kommunizierst du auf Augenhöhe.

Körpersprache-Reise: seitlich geneigter Kopf

Lasse den Kopf etwas zur Seite nachgeben.

Wie wirkt dein kommunikativer Satz aus dieser Körperhaltung? Wie klingt deine Stimme und was fühlst du? Kommt ein Lächeln wie von Zauberhand? Möglich! Was siehst du an deinem Partner oder deiner Partnerin?

Du entblößt in dieser Körperhaltung deinen Hals und zeigst dich dadurch verletzlich. Das tun wir, wenn wir uns sicher fühlen und Vertrauen in unser Gegenüber haben. Wir kommen dadurch auf eine persönlichere Ebene. Die globale Digitalisierung würden wir kaum in dieser Körperhaltung diskutieren, bekommen wir aber ein Geschenk überreicht, neigen wir gern den Kopf und sagen: »Wie lieb von dir, danke!« Ursprünglich kommt diese Haltung aus einer Unterwerfungsgeste. Der im Kampf unterlegene Wolf legt sich auf den Rücken und bietet dem Sieger seinen Hals zum Biss. In vertrauensvollen Beziehungen haben wir keinen Angriff zu befürchten, wir brauchen uns nicht mit hochgezogenen Schultern schützen. Wir dürfen uns verletzlich zeigen und kommen in persönlichen Kontakt – auf einer emotionalen Ebene.

Körpersprache-Reise: Stand- und Spielbeinposition

Stand- und Spielbein: Verlagere dein Gewicht auf ein Bein. Dieses Bein, das Standbein, wird dabei gestreckt sein und das andere Bein, das Spielbein, leicht gebeugt. Gib dieser Haltung etwas nach. Sag nun deinen kommunikativen Satz für deine imaginären Gesprächspartner. Wie fühlt sich das für dich an? Und was siehst du an deiner Partnerin? Informell, leger und locker? Was macht die standbeinseitige Hüfte?

Wir gehen damit aus der beweglichen Mitte in die Seite. Verharren wir nun über längere Zeit in dieser Körperhaltung, die ganze Präsentation über beispielsweise, so verlieren wir an Beweglichkeit. Atem und Stimme – und damit der Inhalt – können dadurch aus dem Lot geraten. Noch ein Effekt: Die Silhouette der Körperseite wird in dieser Körperhaltung sichtbarer, sie rückt mehr in den Fokus.

Eine Körpersprache-Kombination für dich: Bitte kombiniere nun den geneigten Kopf mit der Stand- und Spielbeinposition. Wie klingt dein kommunikativer Satz jetzt? Wie fühlt sich das für dich an? Wie klingt deine Stimme? Kommt ein Lächeln von allein dazu? Und die Wirkung nach außen, was fällt dir an deiner Partnerin auf? Verführung, Flirt?

Die Stand- und Spielbeinposition kann einfach nur locker wirken, zum Beispiel wenn du während deiner Präsentation immer wieder mal in diese Beinposition kommst, nicht lange darin verharrst und wieder in deine bewegliche Mitte zurückkehrst. Kommen noch drei weitere körpersprachliche Vokabeln dazu, verändert sich das nonverbale Signal in Richtung Flirtverhalten. Die jetzt deutlicher sichtbare Silhouette der Hüfte, gemeinsam mit dem seitlich entblößten Hals, Lächeln und Blick von unten werden zur verführerischen erotischen Botschaft. Wie gesagt, wir sind frei und alles ist möglich – die wichtige Frage dazu lautet: *Was brauchst du wann?* Gerade in beruflichen Situationen können nonverbale erotische Signale (die oft aus Unsicherheit kommen) Verwirrung stiften und nach hinten losgehen. Mehr Information dazu findest du im Kapitel »So vertrittst du deinen Standpunkt – Achtung Flirt« auf Seite 204.

> TIPP
>
> Erotische Körpersprache-Signale können in professionellen Situationen kontraproduktiv wirken. Weiche nicht aus Unsicherheit ins machtvolle Flirtverhalten aus, bleibe in der Mitte und stehe zu deinen Inhalten.

Körpersprache-Reise: die Augen

1. *Senke den Blick.* Sage nun mit Blick auf den Boden deinen kommunikativen Satz. Wie fühlt sich das für dich an? Wiederhole den Satz einige Male. Vielleicht etwas einsam? Beobachte deine Partnerin dabei. Fühlst du dich von ihr angesprochen, kann Kontakt entstehen?
   »Ich will mit dir lieber nichts zu tun haben«, sagt der Blick und es gibt unzählige Gründe dafür. Von Schüchternheit über Ausweichmanöver bis hin zu Ablehnung.
2. *Schaue in Richtung Horizont, während du sprichst.* Blicke über deine Gesprächspartner hinweg. Lasse deinen Blick in die Weite schweifen. Was passiert mit deinem kommunikativen Satz, bleibt er im Raum? Landet er in den Ohren deiner Partnerin? Und umgekehrt, fühlst du dich von deiner Partnerin persönlich angesprochen?
   Schweift dein Blick wie Edward Griegs Musik weit in

die Ferne, während du sprichst, so wird es auch dein Inhalt tun: Anstatt direkt zu den Gesprächspartnern wird er über sie hinweg gesendet.

3. *Richte deine Augen bitte nach oben, gen Himmel.* Wohin geht nun dein Satz?
   Bleibt der Blick oben, so sind wir offensichtlich auf der Suche ... vielleicht kommt ja doch noch die passende Antwort von oben. Außer es sitzt eine Hornisse an der Zimmerdecke.
4. *Bitte richte deinen Kopf gerade,* nur die Augen schauen zu einer Seite. Wie wirkt dein kommunikativer Text? Wie geht es deinem Nacken, spürst du mehr Spannung? Was fällt dir an deiner Partnerin auf, siehst du Unsicherheit in ihrem Blick? Die Blickrichtung, die Richtung der Aufmerksamkeit wird weniger sichtbar, wenn wir den Hals nicht mitdrehen. In Angst vor einem (verbalen) Schlag beispielsweise fixieren wir den Hals. Auch eine Möglichkeit, um die eigene Strategie nicht in den Fenstern der Seele sichtbar zu machen.

Das waren vier Beispiele, die den Blick der Gesprächspartner meiden (wiederum lauter klare Doppelbotschaften). Wir sehen, dass die Qualität des Blickkontaktes eine wesentliche Rolle im Dialog spielt. Was ausweicht oder die Augenmuskulatur in einen zu hohen Tonus versetzt, ist kontraproduktiv. Wir brauchen auch hier Wohlspannung und Beweglichkeit.

Kontakt-Baustein Nummer 4: der bewegliche Blick

Die Augen sind die Fenster zur Seele. Ein Blick sagt mehr als tausend Worte. Wenn Blicke sprechen könnten! Sie sprechen ohnehin, sehr deutlich sogar. Strahlend, fast funkensprühend vor Begeisterung können sie leuchten. Sie blinzeln manchmal rekordverdächtig oft und unterbrechen dadurch ein Zuviel an Kontakt: Wir lassen schnell mal die Jalousie herunter. Sie hängen auf Halbmast, wenn wir das Interesse verloren haben, und bekommen sie einen großen Bissen vorgesetzt, so machen sie dasselbe wie der Mund, nämlich weit auf. Der Ringmuskel rund um das Auge im Zusammenspiel mit Stirn- und Mundmuskulatur gibt uns viele Ausdrucksmöglichkeiten. Oft sind es feinste Nuancen, die wir aneinander wahrnehmen. Ein leichtes Anheben der Augenbrauen übermittelt den Gesprächspartnern bereits gesteigerte Aufmerksamkeit, Fenster auf, nur herein!

Welches Sinnesorgan liefert die meisten Informationen über die Außenwelt: Ohr? Nase? Auge? Haut? Oder der Geschmackssinn? Es ist das Auge. In der Großhirnrinde des menschlichen Gehirns sind die Augen – mit Abstand – am größten repräsentiert. Wie viel Prozent unserer gesamten Sinneswahrnehmungen gelangen über den Sehnerv ins Gehirn? Bitte schätze einmal, bevor du weiterliest. »Der Mensch ist ganz klar ein Augentier. Auch wenn es individuelle Präferenzen der Informationsaufnahme von Mensch zu Mensch gibt, eindeutiger Sieger bleibt immer das Auge. Vom gesamten Infokuchen (also 100% der Daten), der pro Sekunde unser Hirn erreicht, gelangen fast 90% über den visuellen Kanal, über den Sehnerv, in die primären Rindenfelder des Gehirns«, schreibt Stefan Verra in seinem Buch »Hey, dein Körper spricht!«

Aber nicht nur als Eingangstor oder vielmehr Fenster ist das Auge wichtig, es fungiert auch als wichtiger Brückenbauer von mir zu dir, von mir zu euch: Blickkontakt ist essenziell. Warum wirken dunkle Sonnenbrillen so störend im Gespräch? Wir können die Vielfalt an emotionalen Informationen des Gegenübers nicht lesen, das verursacht ein unangenehmes Gefühl. Wie im Körpersprache-Kapitel auf Seite 130 erwähnt, spielen die Augen in der Ja- und Nein-Einstellung eine wesentliche Rolle. »Ja, ich gehe in Kontakt zur Außenwelt, Fenster auf!« Nicht nur die Augen öffnen wir füreinander, sogar die Pupille wird weit, wenn wir eine Person gernhaben. Verliebte können einander stundenlang in die Augen schauen. »Ich seh dir in die Augen, Kleines«, sagt Humphrey Bogart zu Ingrid Bergmann in der Szene am Flughafen im Film »Casablanca«, die bestimmt schon viele Taschentücher gefordert hat. Das Gegenteil passiert, wenn der Dialog gerade Missfallen erzeugt. Wir verkleinern die Augen zu Schlitzen. Die Augenbrauen spielen mit, sie werden dabei gern nach unten gezogen: Die Fensterläden lieber mal etwas weiter zumachen. Das kann auch so sein, weil wir gerade nachdenken, der Fokus geht dabei vom Gegenüber nach innen.

Im Denk-Sprech-Prozess, während wir einen Inhalt übermitteln, darf der Blick beweglich bleiben. Er wird sich nach innen und außen richten. Das geschieht unbewusst, in raschem Wechsel. Wir denken nach, formulieren einen Satz, dabei werden die Augen leicht nach unten, zur Seite oder ein wenig nach oben ... nicht gerichtet sein, sie werden nicht schauen, die Konzentration geht dabei nach innen, zu den eigenen Bildern und Inhalten. Und gleich suchen wir den Blick der Gesprächspartner und fragen damit: »Haben Sie mich verstanden, hören Sie mir noch zu?« Die Empfänger hingegen lassen den Blick auf der sprechenden Person.

»Ich habe in einem Rhetorik-Seminar gelernt, ich solle während des Sprechens einen Punkt hinten an der Wand fixieren und nur dorthin schauen, während der ganzen Präsentation«, erzählte mir eine Kundin in einem Training im Sprechatelier. »In einem anderen Rhetorikseminar sollten wir den Blick im Dialog zwischen die Augen des Gesprächspartners richten.« Bitte mache das nicht! Was für das ganze wunderbar lebendige Mobile des Körpers gilt, das gilt auch für den Blick: Beweglichkeit! Ein Fixieren, ein In-die-Augen-Starren verunsichert dein Gegenüber! Denke an das Brustlicht. Hand in Hand kommunizieren Blick und Brust mit deinem Publikum, sie gehören zueinander. Dein Blick wird deinem persönlichen Zuwendungsscheinwerfer folgen und umgekehrt!

TIPP

Der Blick ist als »Fenster der Seele« ein wichtiger Verbindungsbaustein! Deine Gesprächspartner bekommen eine Menge Infos über deinen Blick, vom Denkprozess über deine inneren Bilder bis zum emotionellen Gehalt deiner Worte. Und du als Vortragende erkennst blitzschnell, ob sie dir noch zuhören oder ob es eine Frage gibt. Halte deine Augen während des Sprechens beweglich, nach innen und außen. Gehe in Blickkontakt mit deinem Publikum!

Körpersprache-Reise: der Mund

1. *Ziehe die Mundwinkel etwas nach unten.* Wie fühlt sich das an? Denke nun an etwas Erfreuliches. Klappt das überhaupt? Sprich bitte deinen Satz. Wie fühlt sich das für dich an, versprühst du Begeisterung? Was liest du an deiner Partnerin, findest du sie sympathisch, bist du ganz gespannt, was sie zu sagen hat? Die nach unten gezogenen Mundwinkel wirken nicht gerade anziehend, sie erwecken einen mürrischen Eindruck. Wir ziehen die Mundwinkel nach unten, wenn uns etwas nicht schmeckt. Dieser Ausdruck kann sich mit den Jahren auch tief in die Gesichtslandschaft einschreiben: Bitterkeit, Enttäuschung und Resignation werden dadurch lesbar.
2. *Presse nun die Lippen aufeinander.* Spüre dabei deine Zähne und Kiefergelenke, was fällt dir auf? Sprich nun deinen Satz. Fließt er frei heraus? Wie klingt deine Stimme? Was liest du an deiner Partnerin? Und: Sprecht ihr deutlich? Nein! Die Stimme bleibt hinter den Zähnen gefangen, sie kann nicht heraus. Die Aussprache leidet darunter erheblich, wir sprechen undeutlich. Die Zahnreihen kleben aneinander, die Kiefergelenke werden fest,

ein zu hoher Tonus entsteht. Wir stehen unter Spannung. Hier geht nichts hinein und hier kommt nichts heraus. Wir geben den Inhalt nicht her. Und gehen – ganz klar – nicht in den kommunikativen Kontakt, den wir gerade suchen.

3. *Lächeln mal zwei. Erstens: Lächle nun bitte und verharre in diesem Lächeln.* Friere das Lächeln ein. Sprich nun deinen Satz. Bist du überzeugend? Charmant? Souverän? Was siehst du an deiner Partnerin?

Ein Dauerlächeln wirkt unsicher. »Ich bin so nett, tu mir nichts, hab mich lieb!«, sagt dieses Lächeln aus. Wenn ich über den Vietnam-Krieg spreche und dabei dauernd lächle, wird das für Irritation sorgen. Das festgehaltene Lächeln kommt oft gemeinsam mit einem Blick von unten und wir nehmen uns dabei wenig Raum. Diese Kombination wirkt sehr unsicher. Sie ist nicht brauchbar für unsere kommunikative Situation.

Zweitens: Lächle nun leicht, dein Lächeln darf von innen kommen … weil du dich auf deine Gesprächspartner und deinen schönen Inhalt freust. Sprich nun deinen kommunikativen Satz. Wie reagiert deine Partnerin? Wenn du die Empfängerin dieses gelösten, beweglichen Lächelns bist, was löst es in dir aus? Wirkt es leicht, freundlich, offen, positiv und zugewandt?

Wir ziehen die Mundwinkel nach oben, wenn uns etwas schmeckt. Auch der süße Geschmack des Lebens lässt uns lächeln. Denke einmal lächelnd an etwas Mieses oder Scheußliches: Klappt das überhaupt? Ein natürliches Lächeln wirkt ungeheuer anziehend und sympathisch. Es ist, als würdest du die Tür aufmachen und Sonnenschein käme herein – ein wichtiger Opener, wenn du begrüßt oder die ersten Sätze sprichst. Wir schauen gerne hin. Alles, was schön ist, positiv, lustig oder erfreulich, da sind wir gerne dabei. Wenn es zum Thema kommt, darf das Lächeln wieder schwinden. Es darf später auch wieder kommen, aber nur wenn es während der Präsentation etwas zu lächeln gibt und nicht aus Unsicherheit.

> **TIPP**
>
> Dein natürliches Lächeln darf kommen und gehen. Es kommt aus dem Inneren und verblasst wieder mit dem nächsten neuen Gedanken. Ein eingefrorenes, gehaltenes Lächeln wirkt unsicher.

Kontakt-Baustein Nummer 5: Mund und Atem

Das Tor zur Welt! Im Kapitel »Dein Atem: Mache das Tor auf« hast du schon darüber gelesen: Wir gehen in Verbindung zueinander über den Atem, über den geöffneten Mund. Kommt ein großer Bissen an Information zu uns, sperren wir den Mund (und die Augen) weit auf, wie auch bei Überraschung und Staunen. Wollen wir keinen Bissen, so pressen wir die Lippen fest aufeinander. Für unsere kommunikative Sprech-Situation brauchst du, wie im Atemkapitel besprochen, leicht geöffnete Lippen.

> **TIPP**
>
> Mache das Tor zur Welt auf, öffne leicht den Mund. Gehe bewusst in Kontakt zu deinen Gesprächspartnern über den leicht geöffneten Mund.

Deine 5 Kontakt-Bausteine – ein Überblick

Damit hast du nun alles, was du brauchst, um leichtfüßig und unangestrengt, beweglich und souverän und auf deine ganz persönliche Art in Kontakt zu deinen Gesprächspartnern, deinen Studierenden, deinen Kollegen oder deinem Publikum zu gehen. Verbindung wird möglich und dein Dialog kann so zu einem Spaziergang werden.

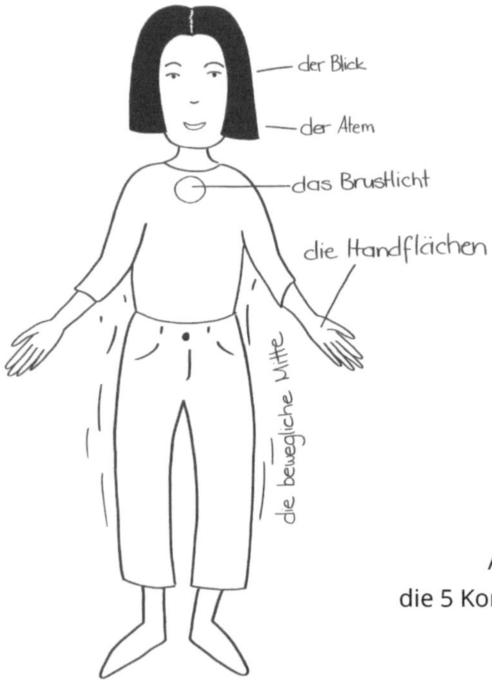

Abb. 20:
die 5 Kontaktbausteine

Ich fasse noch einmal zusammen:

- Deine bewegliche Mitte: ermöglicht freie Atem-Bewegung und Stimme
- Die Hände: machen deine Inhalte sichtbar und schenken Vertrauen

- Die Brust: dein Sitz des Ich schenkt Zuwendung und Aufmerksamkeit
- Der Blick: Fenster der Seele
- Der Mund: geht in Verbindung über den Atem

Diese 5 Kommunikations-Bausteine sind wie ein Mobile zu betrachten, sie hängen beweglich an deiner Persönlichkeit. Sie werden sich auch unterschiedlich in den Vordergrund spielen: Mal sind es deine Hände, die die Hauptrolle übernehmen, wenn du beispielsweise drei Ideen im Raum platzierst (immer mit der Handfläche nach unten, als würdest du die Idee auf einen imaginären Tisch legen): eine direkt vor dich, eine rechts, die andere links. Mal brauchst du dein Brustlicht etwas mehr: Wenn du eine Person im Meeting besonders involvieren möchtest oder wenn du ein größeres Publikum begrüßt. Mal wird dein offenes Lächeln deine Gesprächspartner zu einer Frage einladen.

Video 6:
Deine 5 Kontakt-Bausteine

Ich wünsche dir viel Spaß beim Anwenden und Experimentieren! Am besten, du probierst es gleich mal aus: zuerst mit Sprache ohne Sinn, zum Beispiel Zahlen, Silben oder dem ABC, dann mit einem einfachen Inhalt und später mit deinen komplexen beruflichen Inhalten. Übrigens will auch das Kontakt-Mobile gepflegt werden. Deine 5 Bausteine brauchen Übung, Hingabe und Zuwendung, wie alles, was uns gehören soll und was wir immer abrufbar dabeihaben wollen. Viel Vergnügen und Erfolg damit!

Deine innere Haltung ... und welche Rolle sie in deiner Kommunikation spielt

»Mein Chef ist sehr kritisch und spart nicht mit negativen Kommentaren, wenn ihm etwas missfällt. Ich bin gerade am Weg ins Büro, heute werde ich die Ergebnisse meiner Arbeit der letzten zwei Monate präsentieren. Meine Präsentation ist gut aufgebaut und interessant, ich habe gute und relevante Ergebnisse erarbeitet. Aber ich fürchte mich vor meinem Chef, er wird vielleicht wieder missbilligend wegsehen oder den Raum verlassen, um ein wichtiges Telefonat zu führen. Ich hoffe so sehr, dass er meine Arbeit toll findet, es hängt für mich viel davon ab ...« Diese Aussage ist fiktiv, auch ihre Verfasserin, ich nenne sie Claudia. Was glaubst du: Wird Claudia locker, frei und selbstsicher vor ihr Team treten und ihre gute Arbeit überzeugend präsentieren? Oder wird sie eher ängstlich die Schultern hochziehen, um sich – zur Sicherheit schon vorab – vor einem möglichen negativen Kommentar ihres Chefs zu schützen? Oder wird sie (unbewusst) versuchen, seinen Beifall zu bekommen, ihn häufig anlächeln und ihm öfter als allen anderen ihren Blick schenken, ... auch um sich zu vergewissern, dass er bis jetzt alles gut findet?

Wir haben bereits körpersprachliche Vokabeln auf ihre kommunikativen Eigenschaften hin untersucht. Wir haben Körpersprache im Detail von außen betrachtet und ihre Wirkung im Dialog überprüft. Nun möchte ich das Pferd von der Hinterseite aufzäumen, oder vielmehr von der Innenseite: Welche nonverbalen Signale bringt eine gewisse innere Haltung mit sich, was löst sie aus? Welchen Effekt hat die innere Haltung auf unser Auftreten? Wie beeinflusst sie unsere Bewegungen, Gesten, Blicke, den Atem und damit die Stimme? Welche Wirkung hat sie auf die Sprechweise und auf die Worte, die wir wählen – auf unsere Inhalte?

»Ich unterrichte seit 15 Jahren in einer Fahrschule.

Heute gibt es wieder den Theoriekurs 2. Diese Inhalte habe ich schon tausende Male von mir gegeben, ich kann sie selbst nicht mehr hören, es gibt nichts Langweiligeres. Ich freue mich schon bei der Begrüßung auf das Bier danach ...« Ich nenne den Fahrer Andreas. Wird er abwechslungsreich und spannend unterrichten? Werden die Fahrschüler an seinen Lippen hängen, viele Fragen stellen und bemerken, wie interessant Verkehrsregeln sein können? Wird seine Stimme klangvoll modulieren und sein Sprechtempo durch beeindruckenden Variationsreichtum begeistern? Eher nicht.

»Ich bin sehr korrekt. Ich halte mich an die Tatsachen. Ich versuche, keinen Fehler zu machen. Persönliches oder Humor haben meiner Meinung nach in der Arbeit nichts verloren.« Gregor. Wie wird der Unterricht, die Präsentation oder das Mitarbeitergespräch mit diesem Mann aussehen? Herzlich, offen und freundlich? Eher nicht. Gregor bleibt wahrscheinlich sachlich, auch bei 40 Grad im Schatten und wenn er die Kündigung erhält.

»Ich bin sehr rücksichtsvoll. Ich übernehme auch gerne Arbeiten für andere, weil sie sich dann freuen. Meine Kollegen schätzen mich dafür und wenden sich auch an mich, wenn es mal brennt. Natürlich bin ich manchmal erschöpft, weil ich ja meine eigene Arbeit auch noch gut machen möchte ... Aber ich weiß nicht, wie ich Nein sagen könnte. Ich möchte auf keinen Fall Streit oder negative Stimmung. Ich bin bereit, einiges zu investieren, damit das Klima harmonisch bleibt. Es ist mir wichtig, mit allen Kolleginnen und Kollegen einen freundlichen Umgang zu haben, ich fühle mich nur wohl, wenn sie mich mögen.« So unsere fiktive Irene. Wie wird sie kommunizieren? Schwungvoll, selbstsicher und mitreißend? Wird sie auf eine Frage im Meeting das Folgende antworten: »Das würde heute unseren Zeitrahmen sprengen, aber morgen komme ich gerne darauf zurück«? Kann sie das? Eher nicht. Sie würde darauf achten, es möglichst allen recht zu machen. Damit alle sie mögen.

Können wir über die innere Einstellung Situationen positiv beeinflussen? Wir gehen in jegliche Situation, in jede Lebenslage und immer mit einer inneren Haltung. Eine ganze Palette – die unterschiedlichsten, den ganzen Regenbogen – haben wir davon zur Verfügung. Und wie von Zauberhand stellt sich die eine oder andere ein, wenn wir in eine gewisse Situation gehen. Oft, ohne dass wir es merken! Spreche ich beispielsweise mit meiner Kollegin Frau H., die ich insgeheim beneide, weil sie sich dank ihrer Herkunft noch nie im Leben einen Gedanken über Geld machen musste und weil sie nächste Woche schon wieder nach Mauritius fliegt und ich seit Jahren auf eine Afrikareise spare, fühle ich mich mickrig und unterlegen. Zu allem Überfluss ist sie so schlank, wie ich es mir nur erträumen kann, und immer perfekt gekleidet. Möglicherweise steht da einem freundlich-offenen Gespräch einiges im Weg. Das liegt aber nicht an Frau H., sondern nur an mir und meiner inneren Einstellung. Die Antwort lautet also: Ja! Ja, wir können tatsächlich Situationen positiv beeinflussen, indem wir mit der passenden und hilfreichen inneren Haltung hineingehen. Ich möchte dich nun mit einer kleinen Selbsterfahrungsreise einladen, dich in diesem weiten Feld auszuprobieren.

Innere Haltung mal 7

Ich möchte dich zu einem Experiment mit sieben häufig vorkommenden inneren Haltungen einladen und mit dir gemeinsam die Wirkung der jeweiligen Haltung auf deine nonverbale Kommunikation untersuchen.

Du brauchst für dieses Experiment eine Partnerin oder einen Partner, damit ihr einander zusehen und euch austauschen könnt.

Bitte setzt euch gegenüber – mit ca. 1,5 Meter Abstand.

Wählt zuvor ein einfaches Thema, über das ihr beide ohne nachzudenken sprechen könnt, beispielsweise euren Lebenslauf. Wir wissen im Schlaf, wo wir geboren, in den Kindergarten und in die Schule gegangen sind, wann wir in eine andere Stadt gezogen sind und wann wir welchen neuen Job angenommen haben.

Erzähle deiner Partnerin mit einer gewissen inneren Haltung bzw. Einstellung (die ihr gleich erfahren werdet) deine Vita. Sie hört und sieht dir dabei zu, sie übernimmt den Part der Beobachterin. Lies jetzt noch die nächsten Zeilen, bevor du das Experiment beginnst. Lass dich überraschen, was an Körpersprache von allein aus der jeweiligen inneren Haltung kommt. Die Aufgabe für deine Partnerin ist es, genau auf deine Körpersprache zu achten. Bitte tretet nicht in Dialog! Wenn du fertig bist, kommt deine Partnerin an die Reihe (ohne Kommentar) und du übernimmst die Rolle der Beobachterin oder des Beobachters. Anschließend sammelt ihr bitte gemeinsam, was euch aufgefallen ist, an euch selbst und am Gegenüber: Gestik, Mimik, Blickkontakt, Bewegungen, Stimmklang und Sprechweise.

1. »Ich bleibe bewusst sachlich.«

Bitte erzähle deinen Inhalt auf eine sachliche Art und Weise. Nimm dir Zeit, diese innere Haltung vorzubereiten und dich einzufühlen. Zuerst bist du dran, dann kommt deine Partnerin an die Reihe. Danach besprecht ihr gemeinsam, was euch an euch selbst und eurem Gegenüber aufgefallen ist. Danach beantwortet bitte die folgenden Fragen:

- Gab es freie Gesten: bewegliche Arme, ausdrucksstarke Hände?
- Habt ihr beide euch Raum genommen?
- Bewegungen: Beine – z.B. übereinandergeschlagen, dann wieder offen?
- Oberkörper: beweglich nach vorne, hinten und in die Seiten?
- Gab es immer wieder mal ein Lächeln?
- Wurde der Kopf zur Seite geneigt?
- Wie war der Blickkontakt zueinander: freundlich, offen und gewinnend?
- Wie war der Klang deiner Stimme: voll, rund und abwechslungsreich – oder eher monoton?
- Inhalt: War er interessant, hast du gerne zugehört?

Bestimmt bist du überrascht, welche nonverbalen Botschaften hier, ohne dein Zutun, von A nach B gesendet werden. Ich habe dieses Experiment unzählige Male selbst gemacht, es angeleitet und beobachtet und schreibe hier für dich auf, was mir am häufigsten aufgefallen ist. Meine Erfahrung zeigt, dass folgende nonverbale Botschaften sehr oft aus der inneren Haltung »Ich übermittle meinen Inhalt auf eine sachliche Art« kamen: Wenig bis keine Gestik, die Hände bleiben meist nahezu unbeweglich. Auch die Beine bewegen sich kaum bis gar nicht. Der Oberkörper bleibt in der Mitte, auch der Kopf bleibt unbeweglich. Durch die Bewegungsarmut nimmt man sich wenig Raum. Manchmal kommt ein

Zuviel an Körperspannung dazu: Die Schulter-, Nacken- und Kiefermuskulatur spannt sich an. Der Blick richtet sich auf das Gegenüber, bleibt aber kühl, es entsteht meist kein freundlicher Kontakt. Es gibt kein Lächeln. Und die Stimme? Sie macht immer mit, was der Körper ihr anbietet: Auch sie nimmt sich wenig Raum und wird bewegungsarm, tendenziell monoton, manchmal gepresst. Und der Inhalt? Er gleicht einer Tabelle: Fakten werden aufgezählt. Die Teilnehmer gaben fast immer an, dass sie nicht gerne zugehört haben und der Inhalt für sie nicht interessant war. Was für eine traurige Verschwendung, immerhin erzählen wir einander (in dieser Übung) über unser Leben.

2. »Mein Gesprächspartner soll mich gernhaben.«

Bitte erzähle jetzt deinen Inhalt aus dieser inneren Haltung. Bleibt beim selben Thema – während der ganzen Übung. Nimm dir Zeit, diese innere Haltung in dir zu finden. Es ist nur ein kleiner Schalter, tief in dir, den du dafür behutsam umlegen musst.

Danach kommt deine Partnerin dran. Gute Beobachter sind wieder gefragt. Im Anschluss daran sammelt und besprecht bitte wieder, was euch aufgefallen ist. Erst dann beantwortet gemeinsam die Fragen:

- Wie war das diesmal mit den Gesten, den Armen und Händen?
- Gab es Bewegungen des Oberkörpers, ein Sich-einander-Zuneigen? Oder seitliches Nachgeben?
- Wie war die Neigung des Kopfes? Wurde der verletzliche Hals sichtbar?
- Der Blickkontakt: wie häufig und mit welcher Qualität?
- Habt ihr gelächelt?
- Habt ihr offene Handflächen gezeigt?
- Habt ihr die Beinstellung während des Erzählens beibehalten oder verändert?

- Wie waren der Klang und die Lebendigkeit eurer Stimmen?
- Inwiefern hat dein Inhalt, deine Vita, sich durch diese innere Einstellung verändert?
- Hat sich dein Vokabular, im Vergleich zum Versuch davor, verändert?
- Hat sich die Länge deiner Erzählung verändert?
- Wie fühltest du dich beim Zuhören?

Hier meine Erfahrungen, welche nonverbalen Signale oft aus der inneren Haltung »Mein Gesprächspartner soll mich gernhaben« kommen: Wir verlassen die (bewegliche) Mitte und neigen uns gern etwas nach vorne, um einander näher zu sein. Wir bewegen Arme und Hände frei, auch in größeren Gesten, und nehmen dadurch viel Raum ein. Wir neigen uns gern zu einer Seite und zeigen einander den verletzlichen Hals. Wir lächeln viel. Wir schenken einander großzügig Blickkontakt, manchmal auch von unten. Wir kichern durchaus mal oder versuchen, den Gesprächspartner zum Lachen zu bringen. Wir sind in der Lage, uns dem Gegenüber derart zu öffnen, dass wir versuchen zu erahnen, was interessant sein könnte, und nun den Fokus darauf legen. Die große Beweglichkeit hat einen hörbaren Effekt auf die Stimme, sie klingt voller (weil der Atem meist auch tiefer fließt) und ist, wie der ganze Körper, nun auch beweglich: Sie moduliert mehr in ihren Höhen und Tiefen. Und der Inhalt? Wir erzählen viel Persönliches, Subjektives, oft auch sehr Privates und die Erzählung wird meistens um vieles länger als im ersten Versuch. Wir geben auch Dinge von uns preis, die wir später lieber nicht gesagt hätten. Alles nur, damit uns der oder die andere mag.

Wir bemühen uns, unser Gegenüber zu unterhalten und charmant zu sein. Wir lassen manchmal Dinge weg, die uns in Wahrheit wichtig sind, weil wir uns vor Desinteresse oder Aufmerksamkeitsverlust fürchten. Wir passen die Inhalte an, krempeln sie um – kurzum, wir tun alles, um das Gegenüber zufriedenzustellen, für uns einzunehmen und so Zuneigung zu erfahren. Wie fühlen sich die Gesprächspartner dabei?

- »Ich halte das nicht lange aus, die Person tritt mir zu nahe …«
- »Der braucht was von mir, das wird bald anstrengend für mich.«
- »Zuerst war ich begeistert von so viel Charme, es kam aber so viel, ein solcher Redeschwall, das wurde mir bald zu viel.«

Solche und sehr ähnliche Beschreibungen kamen von vielen Dialogpartnern.

3. »Ich möchte gerade keinen Kontakt zu meinem Gesprächspartner haben.«

Es gibt viele Gründe für diese innere Haltung: Ich bin furchtbar müde, diese Situation ist gerade zu anstrengend für mich. Oder: Es macht mir keine Freude, jetzt hier zu sein, ich hätte gern noch länger mit meiner Kollegin in der Cafeteria geplaudert. Oder: Dieser Kollege hat sich im letzten Meeting negativ zu meinem Projekt geäußert, ich bin deshalb verstimmt und möchte nicht mit ihm reden. Oder: Ich hatte gerade ein Gespräch mit dem Chef und bin in Gedanken noch dort. Oder: Heute Früh hatte ich einen Streit mit meinem Partner, ich bin traurig und möchte lieber in Ruhe gelassen werden. Manchmal sind die Gründe dafür auch nicht eindeutig, vielleicht ist mir die Person unsympathisch, weil sie jemandem ähnelt, mit dem ich negative Erfahrungen verbinde. Das kann auch unbewusst bleiben, jedenfalls möchte ich nicht in Kontakt gehen. Suche den kleinen inneren Schalter in dir, um ihn umzulegen. Nimm dir Zeit dafür, um dich darauf einzulassen: »Ich will jetzt nicht mir dir reden.« Erzähle dann deine Vita. Deine Gesprächspartnerin schaut und hört dir dabei zu. Danach bist du der Beobachter. Tauscht euch wieder aus, wenn ihr mit dem Erzählen fertig seid. Was fällt euch auf? Danach beantwortet meine Fragen:

- Gab es häufig Blickkontakt?
- Wenn ja, in welcher Qualität? Fühltest du dich angesprochen?
- Wenn nicht: Wohin ging der Blick während der Inhaltsübermittlung?
- Habt ihr einander oft offene Handflächen gezeigt?
- Welche Körperspannung konntest du wahrnehmen? Warst du wach und kraftvoll in deiner Wohlspannung?
- Wie war das mit der Zuwendung der Brust, dem Sitz des Ich?
- Gab es lebendige Gesten und lockere Bewegungen?
- Wie klang jeweils die Stimme?
- Warst du in Verbindung zu deinem Gegenüber über den Atem?
- Hast du Punkte und Pausen gemacht? Oder eher alles ohne Punkt und Komma erzählt?
- Wie war die Länge des Inhalts im Vergleich zum Versuch davor?
- Welche Wörter hast du verwendet? Andere als beim Versuch zuvor?

Hier meine Erfahrungen und Beobachtungen, welche nonverbalen Botschaften die innere Haltung »Ich möchte gerade keinen Kontakt zu meinem Gesprächspartner haben« häufig mit sich bringt: Wir vermeiden Blickkontakt, das ist mir oft aufgefallen. Der Blick geht, sprechen wir vor einer Gruppe, über das Publikum hinweg in die Weite oder nach oben. Oder am Gesprächspartner vorbei in die Ferne, dorthin, wo wir jetzt gerade lieber wären. Die Körperspannung sinkt meist, Arme und Hände sind tendenziell kraftlos und beteiligen sich wenig. Wir nehmen uns dadurch wenig Raum. Die Brust sinkt oft ein, der Sitz des Ich zieht sich damit ins Schneckenhaus zurück. Die Stimme? Sie wird in dieser inneren Haltung leiser. Das ist verständlich, der geringere Körpertonus verringert die Atembewegung und damit den Stimmklang. Es kommt vor, dass wir uns, um nicht zu leise zu sein, stimmlich anstrengen und mit mehr Druck sprechen: Eine gepresste oder zu hohe Stimme wird hörbar. Wir machen lieber das Tor zum Gegenüber – den Mund – zu und schnappen dadurch hörbar nach Luft. Sprechen wir im Stehen, haben die Füße auch manchmal die (rettende) Idee, sich schon mal in Richtung Ausgang zu drehen. Gibt es ein »Bitte lauter« oder eine Frage seitens der Kollegen, kommen schützend die Arme zu Hilfe: Sie verschränken sich vor dem Oberkörper. Oder sie halten sich an einem Zettel oder am Pointer fest. Und die Sprechweise? Es wird schnell und ohne Punkt und Komma gesprochen. Häufig gibt es Ähms.

Spreche ich in dieser inneren Haltung vor einer Gruppe, in einer Präsentation beispielsweise, einem Bewerbungsgespräch oder in einer Prüfung an der Universität, wird mein Inhalt sehr bald abheben, hinweg über das mehrköpfige Gegenüber, und dort einsame Kreise ziehen. Ich werde damit niemanden erreichen können und mich allein fühlen. Die ersten werden bald ihr Handy in die Hand nehmen und, wenn es der Rahmen erlaubt, werden sie womöglich aufstehen und rausgehen. Wenn mir überhaupt auffällt, dass mir keiner mehr zuhört, beschleunige ich mein Sprechtempo, da ich niemandes Zeit überstrapazieren und möglichst bald fertig sein will.

4. »Ich fühle mich unterlegen, ich bin weniger wert als du.«

Das ist die nächste innere Haltung für dich. (Brauchst du zwischen den Übungen mal eine Pause? Nimm dir Zeit dafür, um dich dann wieder einfühlen zu können.) Es gibt unzählige Gründe für diese innere Haltung. Mein Gesprächspartner ist in der Hierarchie der Gesellschaft oder der Firma viel weiter oben beheimatet als ich. Oder ich finde die Person viel erfolgreicher, beliebter, wohlhabender oder schöner als mich selbst, das macht mich traurig oder wütend. Nimm dir bitte wieder etwas Zeit, um hinzuspüren und den kleinen inneren Schalter umzulegen. Erzähle deiner Gesprächspartnerin mit dieser inneren Haltung deine Vita. Danach kommt wieder sie an die Reihe und du bist ihr aufmerksamer Partner. Besprecht und sammelt alles, was euch aufgefallen ist, sowohl an euch selbst als auch an dem Gegenüber. Und danach beantwortet die folgenden Fragen:

- War dein Inhalt wertvoll für dich, während du gesprochen hast?
- Konntest du deine Hände freigeben?
- Wie groß war deine Kugel? Konntest du deinen vollen Raum einnehmen?
- Warst du häufig im Bereich deiner beweglichen Mitte?
- Deine Schultern: entspannt ruhend auf dem Brustkorb oder etwas hochgezogen?
- Hattest du die Füße oder zumindest einen Fuß auf dem Boden?
- Dein Atem: frei, leicht und dadurch unauffällig?
- Der Klang deiner Stimme: voll, rund und weich? Oder eher leise und klein?
- Hast du dich selbstsicher und frei gefühlt?
- Wie war dein Sprechtempo: gelassen und abwechslungsreich? Oder hattest du das Gefühl, dich beeilen zu müssen?
- Gab es Punkte und Pausen: Konntest du Sätze ankommen und landen lassen?
- Dein Brustlicht: Konnte es deinen Gesprächspartner mit Zuwendung versorgen?
- Hast du inhaltliche Veränderungen wahrgenommen?

Meine Erfahrungen mit der inneren Haltung »Ich fühle mich unterlegen, ich bin weniger wert als du« sind – du wirst es sicher erraten, weil du das Kapitel »Dein Raum – eine Frage der Präsenz« gelesen hast und weil du schon einiges über unseren hochsensiblen Freund, den Atem, weißt – durchwegs traurig. Wir zeigen eine ganze Reihe von nonverbalen Angst- und Schutzsignalen. Wir ziehen die Schultern hoch und legen die Arme nah an den Oberkörper an. Die Brust gibt nach, das Brustlicht geht ins Schneckenhaus. Die Gesprächspartner fühlen sich dadurch wenig angesprochen. Wir ziehen uns häufig zum Selbstschutz etwas zusammen. Die Kugel, der Raum, die Präsenz? Sie gehen in den Keller. Blickkontakt wird seltener und kommt auch manchmal von unten. Damit kommt oft ein unsicheres Lächeln, eines, das auch einfrieren kann. Die Atembewegung wird klein und die Stimme leiser. Die Schönheit unserer Inhalte? Futsch. Alles nichts wert. Aus Unsicherheit kommen wir manchmal auf die Idee, gnadenlos anzugeben. Wir sprechen schnell, ohne Punkte oder Pausen. Die Lebendigkeit der Stimme hat sich gemeinsam mit dem Raum im Keller versteckt.

5. »Ich finde meinen Inhalt langweilig …«

Bitte sucht diese innere Einstellung in euch auf. Experimentiert wie zuvor damit. Gerade Inhalte, die wir zum wiederholten Male von uns geben müssen, oder Inhalte, zu denen wir in Wahrheit nicht stehen und sie aber trotzdem übermitteln müssen, kommen oft aus dieser inneren Haltung. Das hat eine deutlich spürbare Wirkung auf deine Gesprächspartner, du wirst gleich selbst herausfinden, welche. Diese Fragen solltet ihr euch nach der Übung stellen:

- Hast du Feuer gefangen? Hat der Inhalt dich beim Zuhören brennend interessiert?
- Welchen Einfluss hat diese innere Haltung auf die Länge deines Inhaltes?

- Und auf deine Körperspannung?
- War dein Brustlicht wach und präsent?
- Konntest du die Körpersprache, Kleidung und Augenfarbe deines Gesprächspartners wahrnehmen?
- Wohin ging dein Blick?
- Wollten deine Hände deine Inhalte sichtbar machen?
- Wie war deine Sprachmelodie, deine Stimm-Modulation: quicklebendig und abwechslungsreich?
- Wie war deine Artikulation: genussvoll deutlich?
- Dein Sprechtempo: spritzig und lebendig, geradezu mitreißend?
- Wie hat dein Inhalt sich durch diese innere Einstellung verändert? Was hast du erzählt und was hast du weggelassen?
- Konnte ein freundlich-offener Dialog entstehen?

Hier meine Beobachtungen, was die innere Haltung »Ich finde meinen Inhalt langweilig« an Körpersprache mit sich bringt: Die Körperspannung sinkt deutlich, wir lehnen oder vielmehr hängen im Stuhl, die Brust sinkt dabei ein und die Schultern fallen nach vorne. Bewegungen sind spärlich, wenn, dann sind es wegwerfende Gesten. Manchmal kommt ein (resignatives) Schulterzucken. Der Blick geht zum Boden oder schweift herum, auch mal in die Ferne, wo wir jetzt lieber wären, wie auch in der inneren Haltung »Ich möchte gerade keinen Kontakt«. Der Klang der Stimme wird oft nebelig, blass und verhaucht. Das Sprechtempo? Gedehnt und langsam. Die Satzenden gehen hoch und bleiben in der Luft hängen – keine Spur von einem Punkt, mit dem wir den Inhalt an die Gesprächspartner hinüberreichen könnten. Pausen? Ja, viele, das Gespräch erlahmt und droht zu verebben. Es ist auch sehr kurz. Das spannende Studium an einer renommierten Universität ist keinen Cent mehr wert, der Abschluss mit Auszeichnung wird erst gar nicht erwähnt. Drei Sätze und die Vita ist durch. Ich bin geboren und aufgewachsen, jetzt bin ich hier. Kontakt? Null. Der Gesprächspartner dreht innerlich ab oder ist bald genervt vor Ungeduld.

6. »Wenn ich brav bin, werde ich Erfolg haben.«

Nimm dir Zeit, diese innere Haltung vorzubereiten und dich einzufühlen. Sie hat Gemeinsamkeiten mit der Einstellung »Mein Gesprächspartner soll mich gernhaben«. Es gibt aber auch Unterschiede, die ihr gemeinsam herausfinden könnt. Sammelt nach der Übung wieder, was euch aufgefallen ist. Und danach beantwortet meine Fragen:

- Hast du deinen Raum eingenommen? Wie ging es deiner Kugel mit dieser inneren Haltung?
- Gab es Spielraum zwischen Oberarmen und Oberkörper?
- Waren deine Augen entspannt und dein Blick frei? Oder eher auf deinen Gesprächspartner geheftet?
- Konntest du deine Hände freigeben?
- Warst du hauptsächlich in deiner beweglichen Mitte oder eher nach vorne bemüht?
- Wie war die Körperspannung?
- Der Klang deiner Stimme: leicht und frei? Oder eng und angestrengt?
- Konnten deine Schultern locker auf dem Brustkorb ruhen?
- Dein Atem: Ist dir etwas aufgefallen?
- Gab es Wiederholungen von Sätzen oder Wörtern?
- Deine Artikulation: Konntest du deinen Unterkiefer locker lassen und mit beweglicher Muskulatur artikulieren?
- Wurde viel gelächelt?
- Gab es Blicke von unten?
- Die Stellung deiner Beine: War sie beweglich und mit etwas Abstand?
- Hat dein Inhalt sich verändert? Was wurde betont, was eventuell weggelassen?

- Hattest du das Gefühl, dein Inhalt fließt ungehindert zu deinem Gegenüber?
- Wie fühltest du dich als Zuhörer?

Meine Erfahrungen in Bezug auf die nonverbalen Botschaften, die oft mit der inneren Haltung »Wenn ich brav bin, werde ich Erfolg haben« einhergehen, sind die Folgenden: Wir nehmen uns wenig Raum – wir sprechen leiser, manchmal auch höher. Dazu kommt häufig ein Zuviel an Körperspannung. Die Oberarme kleben oft an den Seiten und beengen die Atembewegung wie festgebundene Flügel. Die Kiefergelenke werden manchmal fest, die Beweglichkeit der Lippen- und Wangenmuskulatur leidet darunter: Wir sprechen undeutlicher. Wir lächeln viel, dieses Lächeln kann auch bleiben (und dadurch anstrengend werden), egal ob es zum Inhalt passt oder nicht. Der Blick bleibt häufig auf dem Gesprächspartner haften. Wir wiederholen manchmal denselben Inhalt mehrmals, in Variationen, um endlich Zustimmung oder Lob zu bekommen. Die Inhalte? Werden höchstpersönlich zensiert und auf das Gegenüber passgenau zugeschnitten.

- »Ich spürte, dass diese Person irgendwas von mir braucht, das war anstrengend für mich. Ich fühlte mich dabei nicht wohl.«
- »So viel Vorsicht und Genauigkeit, ich wollte meinem Gesprächspartner auf die Schulter klopfen und sagen: Jetzt trau dich doch mal, ich tu dir nichts!«

Das sind typische Antworten von Gesprächspartnern auf die Frage, wie sie ihr Gegenüber mit dieser inneren Einstellung im Dialog wahrgenommen haben.

7. »Ich mag meinen Inhalt.«

Die letzte Runde: Bitte suche diese innere Haltung in dir. Verbinde dich mit deinem Inhalt und stehe dazu. Das heißt nicht, dass alles daran schön oder positiv sein muss. Auch die Ecken und Kanten kann man mögen. Nimm dir Zeit dafür. Lege bitte wieder deinen kleinen inneren Schalter um … er ist kostbar, dieser Schalter. Experimentiere mit deiner Partnerin wie in den Übungen zuvor. Wenn beide dran waren und besprochen haben, was aufgefallen ist, beantwortet meine Fragen:

- Hast du deinen Raum eingenommen? Wie groß war deine Kugel?
- Konntest du frei gestikulieren?
- Konnte dein Atem ungehindert fließen?
- Wie war der Klang deiner Stimme?
- Wie war die Beweglichkeit des Oberkörpers, der Beine, Arme und des Kopfes?
- Warst du in deiner körperlichen Wohlspannung? Oder angespannt?
- Deine Sprachmelodie: Konntest du abwechslungsreich und frei modulieren?
- Gab es Punkte?
- Hast du dir Pausen erlaubt, konnten Gedanken und Bilder im Moment entstehen?
- Deine Augen: Waren sie beweglich, mal beim Gegenüber, mal nach innen gerichtet auf den Inhalt?
- Hattest du das Gefühl, dich beeilen zu müssen?
- Konntest du die Verbindung zum Dialogpartner über den Atem beibehalten?
- Dein Inhalt: Hast du erzählt, was du wolltest? Oder mehr als das? Oder anderes?
- Hast du gerne zugehört? Könntest du noch länger zuhören?
- Wie hast du dich gefühlt, während du erzählt hast?

- Konntest du deinen Gesprächspartner währenddessen wahrnehmen? Seine Körpersprache? Hörte er dir aufmerksam zu?
- Hattest du Zugang zu deinen Ressourcen und damit die freie Wahl, was du erzählen möchtest und was lieber nicht?
- Wie war die Qualität des Kontaktes, der entstand? Anstrengend? Oder einengend? Oder langweilig? Oder eher freundlich, offen füreinander und wertschätzend?

Welche Wirkung hat die innere Haltung »Ich mag meine Inhalte« auf unsere Kommunikation? Wie wirkt sie nach außen? Hier meine Erfahrungen für dich: Wir nehmen auf eine sehr persönliche, mühelose und natürliche Art unseren Raum ein. Der Atem fließt frei und die Stimme klingt voll und mühelos. Arme und Hände machen unsere Inhalte wie selbstverständlich sichtbar, in freien Gesten. Wir haben dafür genug Raum unter den Flügeln. Die Oberarme sind beweglich, sie kleben nicht an den Seiten. Der Körper befindet sich in Wohlspannung, er ist weder lasch noch angespannt. Wir sind dadurch beweglich in Gelenken, Muskulatur und im Denken. Wir sind in der Lage, den Denk-Sprech-Prozess zu gestalten und zeitgleich das Gegenüber wahrzunehmen, eine gewisse (attraktive) kraftvolle Flexibilität stellt sich ein. Weder halten wir etwas zurück, noch strengen wir uns an oder geben kraftlos nach. Es fließt! Alles ordnet sich wie von allein. Ich würde den Zustand als weitgehend stress- und angstfrei beschreiben. Wir müssen uns nicht beeilen, sondern entwickeln im körpereigenen Tempo einen Gedanken nach dem anderen und reichen ein (Inhalts-)Geschenk nach dem anderen an die Gesprächspartner, Kolleginnen und an das Publikum. Spielraum! Jede Menge Spielraum entsteht. Genug, um meine Körperwahrnehmung einzuschalten, meine ideale Sprechstimmlage, und genug, um sämtliche Sprechtechnik-Tools abrufen zu können. Genug Spielraum, um auch noch den Beamer und den Kollegen, der offensichtlich eine Frage hat, wahrzunehmen und mit diesem herrlichen, lebendigen Mobile lustvoll zu jonglieren.

Abb. 21: die passende innere Haltung finden

Warum die persönliche Verbindung mit dem Inhalt wichtig ist

Die innere Haltung »Ich mag meinen Inhalt« möchte ich dir für die Übermittlung deiner Inhalte ans Herz legen. Sie ist für unsere kommunikative Situation, mit der wir gerade experimentiert haben, die geeignetste und meiner Meinung nach die einzig mögliche Haltung. Das gilt auch, wenn du vor einem großen Publikum stehst. Warum gerade diese Haltung? Der innere Fokus geht damit auf deine Inhalte, die du gut kennst und magst. Du verbindest dich damit, bist nicht allein oder am Prüfstand, nein, du hast Wertvolles zu geben.

Diese innere Haltung nimmt die Last von mir, dadurch kann Leichtigkeit entstehen. Mein Körper wird ohne Umschweife, mühelos und ungehindert in Verbindung zu den anwesenden Personen gehen können. Ob sie nun alle in Begeisterungsstürme ausbrechen, wird damit zweitrangig, der dringende Wunsch nach Lob und Anerkennung verblasst. Wir brauchen sie nicht mehr. Ich bin damit unabhängig, souverän, frei! Das wird spür- und lesbar in tausenden kleinsten körpersprachlichen Signalen, die ich unbewusst aussende. Und hörbar im Klang meiner Stimme. Die Botschaften, Worte, Bilder und Gedanken sind im Zentrum. Ich transportiere sie jetzt im Moment, über meinen Atem, der zu Stimme wird, über mein kraftvolles, ausdrucksstarkes Kommunikationsinstrument: den Körper. Mit all seinen feinen Tentakeln, seiner Lebendigkeit, Geschmeidigkeit und Vielfalt, mit meinem Humor und mit meiner ganzen Persönlichkeit. Ich mache mich dadurch auch ein klein wenig verletzlich, ich zeige mich, so wie ich bin. Mit meinem schönen Wissen und auch meinen Mängeln – niemand ist perfekt. Kontakt entsteht, Lachen, Austausch und Freude, Lernen und Staunen. Kommunikation gelingt – und beglückt.

Finde Punkte der Freude

Was, wenn ich meine Inhalte teilweise ganz schön sperrig oder trocken finde? Schwierig, zäh oder manches davon einfach nicht so spannend? Wenn diese Teile aber wichtig sind, um das große Ganze zu verstehen? Finde deine Punkte der Freude. Was ist schön an deinen Inhalten? Was magst du daran? Was ist hilfreich für deine Gesprächspartner? Wenn du die Antwort auf diese Frage komprimieren müsstest – wie würde sie lauten? Manchmal bekomme ich Antworten wie »Ich kann damit der Welt etwas Schönes zurückgeben« oder »Ich trage da etwas Wertvolles bei, mein Know-how hilft den Menschen, es macht ihr Leben schöner« oder »Ich freue mich immer, wenn meine Schüler verstanden haben und die Formel anwenden können, da leuchten die Augen«. Meistens ist dieser Satz begleitet von einem kleinen, tiefen Lächeln voller Freude.

Nimm dir Zeit, genau die richtige Formulierung zu finden. Sage dann den Satz ein paarmal halblaut zu dir selbst. Wie fühlt sich das an? In der Brust? Lege deine Hände überkreuzt auf die Brust, etwas unter das Kehlgrübchen (auf den Sitz des Ich) und spüre hin. Mit diesem Gefühl darfst du in deine Präsentation, deine Vorlesung oder deinen Vortrag einsteigen. Rufe es vorher in dir wach. Erinnere dich (körperlich) daran. Wiederhole, wenn du kannst, die eben beschriebene Übung »Ich mag meinen Inhalt« als Vorbereitung auf deine Präsentation. Es ist völlig normal, dass du beispielsweise Teil 3 deiner Präsentation lieber hast als Teil 2. Mache dir bewusst, was du besonders magst und was weniger. Du kannst dich, wenn du mit dem schwierigen Teil 2 beginnst, schon auf Teil 3 freuen. Atem, Stimme und Körpersprache werden davon profitieren, sie gewinnen an Leichtigkeit. Du kannst deine Gesprächspartner auch einfach einweihen, hole sie zu dir ins Boot: »Der folgende Abschnitt ist nicht gerade mein liebster, wir brauchen ihn aber, um den anschließenden Inhalt verstehen zu können. Darauf freue ich mich besonders.« Dadurch erntest du ein paar Lacher und wirkst sympathisch.

Verbinde dich mit dem Inhalt

Unsere innere Haltung beeinflusst Atem, Stimme und Körpersprache und ist damit ein höchstpotenter Kommunikationsfaktor. Die innere Haltung bestimmt die Qualität, Farbe und Temperatur, sie ist Ursprung, Mutter, Auslöserin und Katalysator für unsere nonverbale Kommunikation.

Wenn ich als Schauspielerin eine Lesung angeboten bekomme, den Text dafür lese und feststelle, dass ich damit wenig anfangen kann, weil ich ihn nicht mag und ich nicht gleich Zugang dazu finde … dann habe ich genau zwei Möglichkeiten: 1) Ich sage: »Nein, das mache ich nicht, das gefällt mir nicht.« Oder 2) Ich beschäftige mich tief mit dem Text, freunde mich behutsam mit ihm an, lese ihn wieder und wieder, bis ich ihn kenne wie meine Wohnung bei Nacht. Und dann, ich weiß es aus Erfahrung, werde ich ihn mögen. Dann, und nur dann, darf ich damit vor ein Publikum treten. Wenn ich mit jeder Faser und meiner ganzen Fülle an Lebendigkeit und Fantasie in Verbindung mit meinem Inhalt bin.

Es ist unsere Aufgabe und soll Teil der Vorbereitung sein, eine sehr persönliche Verbindung zu den Inhalten, die wir übermitteln wollen, zu finden. Ein zärtliches, kleines und sehr authentisches Mögen. Das weiß niemand, aber alle spüren es und hören gerne zu, wenn es gelingt. Diese innere Verbindung zu deinen Inhalten weitet deine Flügel und gibt dir Sicherheit und Unabhängigkeit von der Reaktion deiner Gesprächspartner.

Rollen, die dich stark machen

Wir sind Töchter oder Söhne, gute Freundinnen oder Freunde, Kolleginnen oder Kollegen, manche sind Eltern und damit in einer Führungsposition, manchmal sind wir vielleicht zornige Gegner im Streit, hin und wieder sind wir einfühlsame Seelentröster und von manchen Menschen werden wir vielleicht bewundert und zum Vorbild genommen. Für gewisse Personen sind wir eher Putzpersonal, Fußabstreifer oder Mädchen für alles. Es sind viele unterschiedliche Rollen, die wir innehaben und in die wir lautlos und blitzschnell – je nach Situation und Beziehung zum Gegenüber – schlüpfen. Jede der vielen Lebensrollen hat ihre spezifische Körpersprache, ihren (mehr oder weniger bewohnten) Raum und den daraus resultierenden Stimmklang.

Auch der Zugang zu gewissen eigenen Ressourcen ist in den unterschiedlichen Lebensrollen mehr oder weniger frei: In meiner Rolle als »die doofste Ballettschülerin der Welt«, in der ich gern als Blitzableiter für die schlechte Laune des Ballettmeisters gebraucht wurde, ohnehin nichts richtig machen konnte, das Bein nie hoch genug halten konnte, und immer, aber auch immer in der letzten Reihe stand, war ich nicht in der Lage, mir eine Folge von fünf Tanzschritten zu merken. Intelligenz, Humor, Bewegungsfreude – alles hinter gepanzerten Türen versperrt. Umgekehrt können wir in so mancher Rolle blitzschnell denken und die richtigen Entscheidungen treffen, Verantwortung für andere übernehmen und das Heft in die Hand nehmen: Wenn beim Klassenausflug ein Kind verunglückt, werden die Lehrenden in ihren Rollen als Retter und Helfer höchstwahrscheinlich schnell reagieren und effizient handeln. »Ich war selbst überrascht, dass ich es geschafft habe, das verletzte Mädchen zu versorgen und gleichzeitig die verschreckten Kinder zu beruhigen …«, könnte eine Lehrperson danach beschreiben. Der Zugang zu gewissen Ressourcen war in dieser Rolle offen.

Eine Lieblingsrolle

Welche deiner unterschiedlichen Lebensrollen magst du besonders? Gibt es eine Rolle, in der du dich sicher und stark fühlst, in der du ganz bei dir bist und dich frei fühlst? Wenn ja, dann erinnere dich bitte an eine Situation, die du in dieser Rolle erlebt hast. Nimm dir Zeit dafür. Spiele die Situation einmal vor deinem inneren Auge durch. Erinnere dich daran, was du in dieser Situation gesagt hast, und sprich diese Sätze aus. Zuerst halblaut, später mit etwas kräftigerer Stimme. Vorstellungsvermögen und Spielfreude sind jetzt gefragt. Erinnerst du dich, was deine Gesprächspartner gesagt haben? Antworte jetzt darauf. Lasse dich spielerisch auf die Situation ein. Wiederhole die Sätze ruhig mehrere Male, genieße die Situation. Beobachte dabei nun deine Körpersprache und Stimme: Was fällt dir auf?

- Nimmst du dir deinen Raum?
- Wie klingt deine Stimme?
- Wie fühlst du dich?

Fühlst du dich selbstsicher, ruhig, vergnügt, offen, beweglich, wach, schnell im Kopf, aufnahmefähig, präsent, lebendig? Wenn ja: Wo in deinem Körper nimmst du das wahr? Finde einen Namen für diese Rolle, sie ist ein wertvoller Anteil deines Wesens. Pflege sie liebevoll. Werde so vertraut mit dieser Rolle, dass du sie abrufen und in dir aufsuchen kannst, wenn du sie brauchst. Auch vor schwierigen Situationen. Erinnere dich vorher daran und betritt mit diesem Gefühl schon den Raum: selbstsicher, groß und frei!

»Ich hätte ihn fast nicht erkannt in dieser Rolle! So ein wandelbarer Schauspieler, unglaublich, wie macht er das nur?« Schon oft habe ich diesen Satz gehört. In meiner Schauspielausbildung am Max-Reinhardt-Seminar gab es ein Studienfach namens »Tiere«. Wir bekamen von Samy Molcho den Auftrag, ein Tier auszuwählen und es sehr genau zu beobachten. Seinen inneren Rhythmus aufzunehmen, seine Bewegungen, seinen Blick, sein Verhalten zu erspüren und in den eigenen menschlichen Körper zu übernehmen. Nicht, damit wir später herausragend einen Löwen spielen könnten, sondern um mit der eigenen Wandelbarkeit zu experimentieren. Ein Huhn wendet sehr plötzlich den Kopf, es pickt kurz ein paar Körner auf und schaut dann wieder hoch, es gackert im Brustton der Überzeugung und scharrt im Sand. Ein Pfau sonnt sich eitel im Kreise seiner Bewunderer, wenn er sein Rad schlägt. Wir sollten die innere Befindlichkeit und die körpersprachliche Essenz eines Tieres erspüren, im eigenen Körper aufsuchen und in unser Spiel auf der Bühne mitnehmen. Jean Reno unterlegte seinem Leon im Film »Leon, der Profi« ein Huhn, wie er in einem Interview erzählte. Weiß man es, so ist es leicht zu erkennen. Ich möchte dich nicht überreden, jetzt stundenlang ein Huhn zu beobachten, nein, aber ich lade dich mit der nächsten Übung ein, die innere Befindlichkeit von vier unterschiedlichen menschlichen Rollen zu erspüren.

Experimente mit vier unterschiedlichen Rollen

Ich möchte dich einladen, mit vier unterschiedlichen Rollen zu experimentieren und dich überraschen zu lassen: Welche Körpersprache, welches Sprechtempo und welcher Stimmklang kommen daraus von allein?

Bitte überlege dir zuerst, was du deinem Publikum sagen möchtest. Es kann sich beispielsweise um eine Begrüßung, einen kurzen didaktischen Inhalt oder eine für das Publikum wichtige Info handeln. Bleibe in allen Rollen beim gleichen Inhalt, der Wortlaut darf sich allerdings verändern.

1. ***Der Bettler:*** Stelle dir bitte vor, du bist eine Bettlerin oder ein Bettler, du bist obdachlos. Es ist schwierig, das zu verbergen. Du hast schon länger nicht mehr geduscht, fühlst dich ungepflegt und allen anwesenden Personen im Raum an Status unterlegen. Nimm dir bitte Zeit, diesen Zustand in dir aufzuspüren. Stell dir das Publikum vor und tritt dann auf, trete vor das Publikum und präsentiere deine Sätze. Spüre aufmerksam hin: Wie fühlst du dich? Kannst du dir Raum nehmen? Wie klingt deine Stimme? Wohin geht dein Blick? Sprichst du flüssig? Oder zögerlich? Oder abgehackt? Hast du dir freie Gesten erlaubt? Wiederhole die ganze Übung dann noch einmal.

Meine Beobachtungen mit dieser Rolle: Meistens wird die Stimme sehr leise, der Blick geht häufig zum Boden und die Erlaubnis, den eigenen Raum einzunehmen, schrumpft praktisch auf null. Die Verbindung zum Publikum wird erst gar nicht aufgenommen. Die Hände hängen schlaff und die Brust sinkt (ins Schneckenhaus) ein. Diese Rolle korreliert mit der inneren Haltung »Ich fühle mich meinem Gesprächspartner unterlegen«.

2. ***Der Filmstar:*** Bitte stelle dir vor, ein berühmter Filmstar zu sein. Das Publikum wartet seit Stunden auf dich, gerade bist du mit dem Helikopter angekommen. Die Veranstaltung interessiert dich nicht sonderlich, im Anschluss hast du noch zwei weitere Termine. Gleich werden wieder hunderte Fans ein Autogramm von dir haben wollen und morgen werden viele der Zuschauer versuchen, sich so ähnlich zu kleiden wie du. Wenn du die Bühne betrittst, erwartet dich nichts Neues: tosender Applaus und Begeisterungsrufe. Nimm dir Zeit, um in diese Rolle zu kommen. Tritt dann auf, stell dir das große, hingerissene Publikum vor.

Was fällt dir auf? Wie viel Raum nimmst du dir jetzt? Wie klingt deine Stimme? Hat sich dein Sprechtempo verändert? Und dein Inhalt? Wiederhole deinen Star-Auftritt noch mal.

Meine Beobachtungen mit dieser Rolle: Dieser enorme Sympathie-Vorschuss ermutigt oft, sich viel Raum zu erlauben. Die Stimme klingt dadurch voll und leicht. Die Gesten sind frei. Wir bewegen uns meist locker. Manchmal kommt Überheblichkeit dazu (Das ist mir zu viel, ich weiche lieber aus.), das Kinn wird dabei etwas angehoben und der Blick schweift über das Publikum hinweg. Dadurch kann die Verbindung zum Publikum verlorengehen. Die innere Haltung, die zur Überheblichkeit gehört (falls sie da ist), ist folgende: »Ich will gerade lieber keinen Kontakt zu meinem Gegenüber.« Solltest du aber in der warmen Zuneigung des Publikums glücklich baden und wunderschön in Verbindung gehen können, versuch diesen (körperlichen) Zustand abzuspeichern und adaptiere etwas von diesem Wohlgefühl für dich persönlich.

3. ***Der Komiker:*** Bitte stell dir vor, ein Komiker zu sein. Nimm dir ruhig Vorbilder, Helge Schneider zum Beispiel, Anke Engelke oder Harald Schmid. Sie bringen die Menschen zum Lachen, das ist jetzt deine Aufgabe. Wenn alle lachen, bist du toll! Erspüre diese innere Haltung. Tritt nun vor dein imaginäres

Publikum und sprich deine Sätze. Was fällt dir an deiner Körpersprache und Stimme auf? Wie verändert sich dein Inhalt?

Meine Erfahrung: Diese Rolle bringt meistens viel Bewegung, große Gesten und ein sehr schnelles Sprechtempo mit sich. Da wird gesaust, geflitzt und mit den Armen gerudert. Die Nähe zum Publikum ist groß, der Dialog ist gleich hergestellt und wird schnell persönlich. Was tut man nicht alles für etwas Zustimmung und Applaus? Wir würden unsere Großmutter verkaufen für einen Lacher. Diese Rolle korreliert mit der inneren Haltung »Mein Gesprächspartner soll mich gernhaben, ich will gefallen«.

4. ***Der König:*** Stelle dir nun bitte vor, eine Königin oder ein König zu sein. Auch Königinnen putzen sich die Zähne, haben Sehnsucht, lachen herzlich oder sind beleidigt, da bin ich sicher. Auch Könige freuen sich über eine Kinderzeichnung zum Geburtstag, oder wenn ein guter Freund sie besucht. Ich denke, sie sind im Grunde nicht so anders als wir. Sie haben meist mehr Verantwortung. Du bist in deinen Status hineingeboren worden und kennst es nicht anders: Man hält dir die Tür auf, serviert dir jeden Tag dein Lieblingsfrühstück, und wenn du niesen musst, bieten dir drei Personen gleichzeitig ein Taschentuch an. Wenn du einen Raum betrittst, schenken dir alle Anwesenden ihre Aufmerksamkeit. Lange durfte man sich von einer Königin nur rückwärts entfernen, weil es als unhöflich galt, seine Rückseite zu zeigen. Das ist oder war Normalität für Könige und nicht weiter verwunderlich. Nimm dir jetzt wieder Zeit, dich in diese Rolle einzuspüren. Betritt dann den Raum und sprich deine Sätze. Was fällt dir auf? Ist das anstrengend für dich, musst du dich bemühen? Nimmst du dir deinen Raum? Sind deine Gesten frei oder kleben deine Arme am Oberkörper? Wie klingt deine Stimme?

Meine Beobachtung mit dieser Rolle: Wir nehmen uns natürlich und selbstverständlich Raum, die Stimme klingt dadurch meist mühelos, weich und raumfüllend. Eine (für die sprechende Person selbst und für das Gegenüber) wohltuende Gelassenheit stellt sich ein. Der Denk-Sprech-Prozess darf sich entfalten, weder Eile noch Zurückhaltung noch Überheblichkeit behindern die Verbindung. Oft bekam ich von Klienten, die sich in dieser Rolle ausprobierten, folgende Rückmeldungen.

- »Oh, so könnte ich noch lange weitersprechen.«
- »Das fühlt sich so leicht an, ist das nicht langweilig?«

Nein, ist es nicht! Es ist meist sehr persönlich und völlig unangestrengt – und dadurch für alle ein Vergnügen.

Abb. 22: die kleine innere Königin

TIPP

Pflege deine kleine innere Königin oder deinen kleinen inneren König. Experimentiere im Alltag damit und nimm diese innere Haltung immer mit. Sie wird deine Kommunikation erleichtern und verbessern.

Das Spiegel-Tool – wir stellen uns nonverbal aufeinander ein

Wollen wir in Dialog gehen, so stellen wir uns unbewusst und automatisch nonverbal aufeinander ein. Plaudere ich mit meinem zartbesaiteten, schüchternen Nachbarn, der sehr leise spricht, so werde ich höchstwahrscheinlich auch leiser sprechen, wir werden im Dialog vorsichtig ein paar Zentimeter aufeinander zugehen, um einander besser zu verstehen, und ich werde lächeln, etwas den Kopf neigen und ihm meinen verletzlichen Hals zeigen, damit er Vertrauen gewinnt. Mit kleinen Kindern sprechen wir meist in höherer Stimmlage und stellen uns so auf sie ein, wir beugen uns hinunter, setzen uns zu ihnen auf den Boden oder heben sie hoch auf den Schoß, um auf Augenhöhe kommunizieren zu können. Mit einem sehr alten Mann werde ich wahrscheinlich etwas lauter reden, in der Annahme, dass er nicht mehr so gut hört, selbst wenn ich mich damit irre. Sitzen am Beginn eines Seminares die meisten der anderen Teilnehmer mit übergeschlagenen Beinen im Stuhlkreis, werde ich vielleicht auch die Beine überschlagen, um ohne Worte zu sagen: Ich gehöre zu euch. Das alles geschieht von allein, wenn wir Kontakt zueinander aufnehmen wollen.

Wenn der Dialog einmal hakt, feststeckt, man einander nicht versteht und Gereiztheit droht: Achte in so einer Situation besonders auf die Körpersprache deiner Gesprächspartner. Unterscheidet sie sich sehr von der deinigen? Ist dein Gegenüber nonverbal in einem anderen Land, auf einem anderen Kontinent? Das kann gut möglich sein.

Hier eine Übung für dich, in der du die Erfahrung machen kannst, wie es sich anfühlt, wenn man sich im Dialog nonverbal aufeinander einstellt. Du brauchst einen Partner oder eine Partnerin dafür.

Die Körpersprache des Gegenübers übernehmen

1. Setzt euch einander gegenüber. Nimm eine vertraute Sitzposition ein. Dein Partner versucht nun, diese Position haargenau zu übernehmen: deine z.B. unter dem Stuhl überkreuzten Füße, deinen leicht geneigten Kopf und deine locker am Schoß ruhenden Hände mit verschränkten Fingern. Besprecht miteinander, ob alles korrekt gespiegelt wurde oder ob noch eine Kleinigkeit fehlt. Dann wählt dein Partner eine Sitzposition und du spiegelst ihn. Du wirst vielleicht bemerken, welche unterschiedlichen Sitzpositionen es gibt. Was für dich vertraut ist, kann dein Partner vielleicht nur mit Mühe nachmachen. Experimentiert dann mit den unterschiedlichsten Haltungen. Achte auch auf die Mimik deines Gesprächspartners. Zieht er die Mundwinkel etwas nach unten? Übernimm auch dieses nonverbale Signal. Tauscht euch anschließend aus: Was ist euch aufgefallen?

2. Setzt euch wieder einander gegenüber. Sucht gemeinsam ein Thema aus, über das ihr gerne plaudern möchtet. Eine Person beginnt, während des Dialoges unmerklich die Körpersprache des Gegenübers zu übernehmen. Beobachte bitte genau: Sitzt dein Gesprächspartner angelehnt? Dann komme bitte, während du sprichst oder zuhörst, auch in

eine angelehnte Sitzposition. Lächelt er beim Sprechen? Übernimm sein Lächeln, lasse dich bewusst darauf ein. Seine Gesten? Übernimm die Bewegungen der Hände. Lasse dir Zeit dafür und bleibe dabei aufmerksam im Dialog. Dann kommt dein Gesprächspartner dran – er übernimmt jetzt deine Körpersprache. Wechsle ruhig deine Sitzposition, spiele mit Gesten und Körperhaltungen, damit dein Partner üben kann. Wechselt einige Male hin und her, während ihr angeregt plaudert. Der Dialog soll für einige Minuten fließen. Wie fühlt sich das für dich an? Tauscht euch dann darüber aus: Wie ist das Gespräch gelaufen? Habt ihr euch wohlgefühlt? Hättet ihr gern noch länger miteinander geredet? Habt ihr euch gut verstanden, war Sympathie zu spüren? War Austausch möglich? Sind neue Gesprächsthemen aufgepoppt?

Meine Erfahrung mit dieser Übung: Wenn wir die eigene Aufmerksamkeit für die Körpersprache des Gesprächspartners hochfahren, wie schon am Beginn des Körpersprache-Kapitels erwähnt, profitiert die Kommunikation enorm davon. Aber nicht nur die Wahrnehmung allein, auch das eben geübte Sich-nonverbal-ähnlich-Einstellen kann hilfreich sein: Wenn wir die Körpersprache des Gesprächspartners übernehmen, können wir spüren, wie er oder sie sich fühlt. Tickt eine Person nonverbal anders als ich, wird Kontakt leichter entstehen können, wenn ich etwas von ihrer Körpersprache übernehme. Warum? Wir mögen, was uns ähnelt.

Abb. 23: in unterschiedlichen körpersprachlichen Welten

Abb. 24: ich stelle mich auf dich ein

Ähnlichkeiten schaffen Verbindung

Fremdes löst auf den ersten Blick Distanz aus, das muss erst beäugt, untersucht und eingeordnet werden. Vielleicht ist es gefährlich, feindlich, unangenehm, mir nicht ebenbürtig oder mir überlegen. Da ist ein Graben zu überwinden ... wiederum meist unbewusst. Ähnliches löst Vertrauen aus: Da kenne ich mich aus, da ist Vertrautes (und somit Angenehmes) zu erwarten, ich bleibe in meiner Komfortzone, die Person hat vielleicht ähnliche Interessen, Themen und Probleme wie ich, zumindest kleidet sie sich so ähnlich und verhält sich auch gerade so ähnlich wie ich. Im Hotel werde ich mich wahrscheinlich zu dieser Person an den Tisch setzen, weil ich denke, dass es dort nett sein wird.

Kleidercodes? Lieber befolgen! Es ist anstrengend, einen Sonderplatz zu behaupten. Es sei denn, du machst es wie der Künstler Friedensreich Hundertwasser, der gern ein ungleiches Sockenpaar trug – aus »Ablehnung menschenunwürdiger Regelmäßigkeiten«. Da muss ich mit Fragen und Diskussionen rechnen. Im beruflichen Alltag lenkt die optische Extrawurst ab und bringt eher Sand ins Getriebe, als den eigenen USP (Unique Selling Proposition) zu betonen. Bitte denke einmal an die Abgeordneten des Europaparlaments. Man hat sich – uniformähnlich – auf ein einheitliches Outfit geeinigt, weil es verbindet. Oder an eine Yogagruppe. Oder an einen Kirchtag am Dorfplatz. An eine Gruppe befreundeter Jugendlicher. An feine Damen, Freundinnen, die sich auf einen Plausch im nobelsten Kaffeehaus treffen. Was mir ähnelt, mag ich meistens. Fließt der Dialog ohnehin, musst du dir keine Gedanken machen. Da wir aber (wie du vielleicht in der Übung »Die Körpersprache des Gegenübers übernehmen Teil 1)« bemerkt hast) nonverbal durchaus unterschiedliche Gegenden bewohnen, finden wir im Gespräch manchmal nicht zueinander.

In so einem Fall zauberst du am besten dein wunderbares

Körpersprache-Spiegel-Tool aus der Tasche und kommst in einen ähnlichen nonverbalen Modus wie dein Gesprächspartner. Hier ein Beispiel: Die Unterhaltung mit meinem Kollegen stockt, er scheint meine tolle Idee einfach nicht zu begreifen. Vielleicht habe ich ihn mit einem Zuviel an Begeisterung und meinem Redeschwall überfordert? Ich verschränke langsam die Arme wie er. Erstmal. Ich fahre mein Sprechtempo runter und komme behutsam auf seine Spur. Ich setze mich mittig und aufrecht hin, nicht exakt wie er, sondern auf meine Weise. Aha, da weht ein anderer Wind, spüre ich. Die richtige Frage fällt mir jetzt erst ein: »Was halten Sie von XY?« Und siehe da, er antwortet. Später mache ich ihm ein nonverbales Angebot, in Verbindung zu gehen: Ich öffne meine Arme, während ich mit ihm spreche, und zeige ihm meine Handflächen. Geht doch, er reagiert und löst auch seine Arm-Schranke … So kommen wir doch noch auf einen grünen Zweig.

Wichtig für dich: Du kannst dich bewusst auf dein Gegenüber einlassen

Wir stellen uns unbewusst nonverbal aufeinander ein, indem wir ähnliche Körperhaltungen, Gesten und Bewegungen suchen. Wenn der Dialog mal nicht so will, wie du es dir wünschst, kann es auch daran liegen, dass der körpersprachliche Modus deines Gesprächspartners sich von deinem gerade stark unterscheidet, ihr seid nicht kompatibel. Lasse dich bewusst auf seine Körpersprache ein, indem du sie – sehr subtil und auf deine persönliche Art – übernimmst.

So vertrittst du deinen Standpunkt

Was brauchen wir, um Stellung zu beziehen, auch entgegen der Meinung unserer Kollegen und Gesprächspartnerinnen, und warum fällt uns das oft schwer? Ist es die Befürchtung, bissig zu wirken oder als unangenehm und aggressiv wahrgenommen zu werden, die uns mit unsichtbaren Fäden die Hände fesselt? Dieser Frage gehen wir in diesem Kapitel nach und hier erfährst du, wie du ruhig und bestimmt zu dir und deiner Meinung stehen kannst.

Die Krux mit dem Geliebt-werden-Wollen

»Warum fällt es mir so schwer, mich durchzusetzen? Ich habe schon wieder nachgegeben! Nur ein kleiner Einwand, eine skeptische Frage und schon wackelt mein Konzept? Das gibt's doch nicht!« So und ähnlich formulierten schon viele meiner Kunden und Kundinnen ihre Schwierigkeiten mit dem Standpunktvertreten.

Das fällt uns oft schwer – aus einem sehr einfachen Grund: Wenn ich meinen Standpunkt vertrete, grenze ich mich damit von anderen Standpunkten und ihren Inhabern ab, es ist *mein* Standpunkt. Ich zeige Haltung, Position und beziehe Stellung *gegenüber* anderen Personen und ihren Meinungen, ich gehe nicht Hand in Hand mit ihnen. Da ist mit Gegenwind zu rechnen! Mit Skepsis, Kritik und womöglich Ablehnung. Angesichts des tiefen Bedürfnisses nach Zuneigung, nach Geliebtwerden, das uns Menschen in Körper und Seele eingeschrieben ist, ist das Standpunktvertreten also ein zweischneidiges Schwert und eine komplexe Herausforderung! Als die sozialen Wesen, die wir sind, spüren und begreifen wir uns immer in einem sozialen Kontext und stellen das Selbst auch dort auf, irgendwo mit und zwischen den anderen. Was, wenn sie mich nicht mehr mögen? Wenn sie sich gegen mich wenden? Mich kollektiv aburteilen und ausschließen? Urängste lassen uns zaudern und zurückweichen. Ich habe Angst davor, für meine Meinung und meine Ideen angegriffen zu werden: Das tut weh und ist ungemütlich. Also lasse ich meinen Standpunkt lieber mal sein. Andererseits habe ich in dieser Sache recht, und was die anderen vorhaben, ärgert mich! Wo ist die Grenze zwischen Selbstboykott und Anpassung?

Dem Gegenwind widerstehen

Ein Aha-Erlebnis diesbezüglich hatte ich in dem Workshop »Alexander-Technik für Anfänger«: Alle Teilnehmer standen im Kreis, jeder hatte einen kleinen gehäkelten Stoffball in der Hand. Eine Person stand in der Mitte, wissend, dass sie gleich von allen anderen mit den Bällen beworfen werden würde. Die Personen im Kreis sollten tatsächlich ihre Bälle auf die Person in der Mitte werfen. Gesicht und Brust waren tabu. Als ich an der Reihe war, war mir etwas mulmig zumute. Wie unangenehm! Alle gegen mich! Und ja, es tat auch ein bisschen weh … es war auszuhalten, aber eben unangenehm. Das spürte ich zuerst, als ich im Bällehagel stand. Und wenig später, zu meiner eigenen Verblüffung, dachte ich mir, dass ich das locker aushalten würde und sie ruhig weitermachen konnten. Ich würde das mit Sicherheit wegstecken.

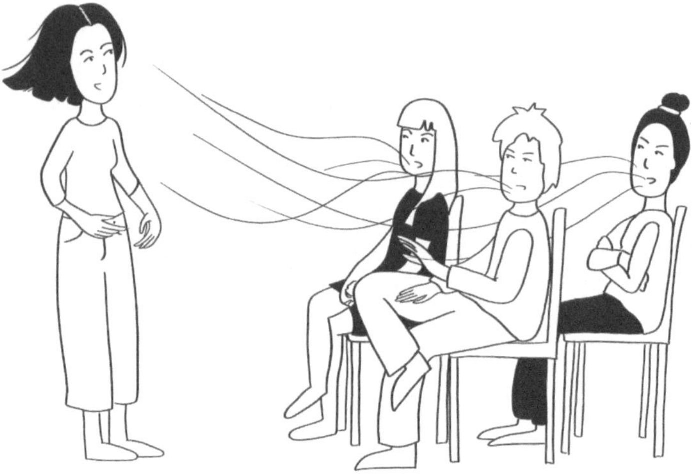

Abb. 25: Standpunkt vertreten – Gegenwind aushalten

Ich habe damit auf einer körperlichen Ebene die Erfahrung gemacht, innerhalb einer Gruppe angegriffen zu werden. Später kam ich noch mal dran. Ich wusste nun schon, wie es sich anfühlt, und machte mich bereit, innerlich Kontra zu geben. Nicht passiv und defensiv nachzugeben, sondern aktiv und offensiv Widerstand zu leisten. Auf meinem Standpunkt zu bleiben. Der Kraft, die von außen auf mich einwirkte, stellte ich meine persönliche innere Kraft entgegen, die war mindestens genauso groß. Das klappte, weil ich damit rechnete und mich rechtzeitig dafür rüstete.

TIPP

Wenn du deinen Standpunkt vertreten willst, rechne mit Gegenwind! Nimm die Kraft, die du brauchst, um ihn auszuhalten und ihm innerlich entgegenzutreten, bewusst mit in die Situation.

Defensive Körpersprache weglassen

Zum defensiven Körpersprache-Vokabular gehören alle Schutzhaltungen, -gesten und -bewegungen. In den Kapiteln »Bewusst in Dialog gehen« und »Deine innere Haltung« hast du schon einiges darüber gelesen.

Ich fasse an dieser Stelle noch einmal die wichtigsten defensiven nonverbalen Signale zusammen: Wir nehmen uns wenig Raum, wir ziehen uns etwas zusammen (im Grunde, um die lebenswichtigen Organe und den verletzlichen Hals vor Angriffen zu schützen). Wir ziehen die Schultern hoch, legen die Arme eng an den Körper (kein Raum unter den Flügeln) und positionieren Füße und Beine tendenziell schmal, nah beieinander. Wir schließen während des Sprechens häufig den Mund (Tür zu) und unterbrechen damit den unliebsamen Kontakt zum Gegenüber. Es wird schwierig, frei einzuatmen. Auch häufiges Augenzwinkern zählt zu den Schutzmechanismen: vorsichtshalber öfter mal die Jalousie runterlassen. Wir spannen außerdem die Muskulatur an oder wir geben resignativ nach. Verkrampfte Hände, geballte Fäuste, gefrorenes Lächeln, Dinge oder Möbel festhalten und hektische, abgehackte Gesten sind die Folge eines zu hohen Muskeltonus. Selbst die Augenmuskulatur kann sich anspannen, wir fixieren dann das Gegenüber mit dem Blick. Die Kiefergelenke werden fest, die Mundbewegung wird dadurch klein und die Artikulation undeutlich.

Auch die Bauchmuskulatur gerät oft in einen zu hohen Muskeltonus und schränkt damit die Atembewegung ein. Die Stimme klingt dann gepresst, eng oder knarrig, jedenfalls angestrengt. Die Sprechweise wird immer schneller und schwer verständlich. Die Kniegelenke werden oft fixiert und dadurch geht die Grashalm-Beweglichkeit verloren. Wir sind – körperlich und dadurch auch im Denken – festgefroren.

Wenn wir nachgeben und in eine geringe Körperspannung flüchten, sinkt die Brust ein: Die Atembewegung wird kleiner und die Stimme klingt jetzt kraftlos, leise, zu hoch oder eng. Die Sprechweise geht in Richtung gedehnt und monoton, wiederum gibt es wenig Mundbeweglichkeit, und diesmal aus der Unterspannung eine eher schlapp-undeutliche Artikulation. Manchmal sinkt der Oberkörper nach hinten (mehr Abstand zur Welt) und die Kniegelenke schnappen ein. Auch hier ist die Grashalm-Beweglichkeit wie weggeblasen. Der Blick weicht gerne aus oder kommt von unten. Wir verharren über längere Zeit mit seitlich geneigtem Kopf (»Wenn ich mich verletzlich zeige, wird mich niemand beißen«). Meist wird diese Haltung von eher kraftloser Gestik und manchmal von Schulterzucken begleitet: Ich weiß auch nicht. Viele Menschen berühren sich am Hals, greifen sich ins Gesicht oder umarmen sich selbst, um sich zu beruhigen. Wir können auch eine ungeheure Vielfalt an abwehrenden, wegschiebenden und zurückweisenden Gesten an den Tag legen, um uns zu schützen. Dieses vielfältige Repertoire an defensiver Körpersprache gehört in allen Schattierungen und Spielarten zum menschlichen Verhalten. Wir sind bunt und haben viele Möglichkeiten! In der Situation, in der wir unsere eigene Meinung und Ideen präsentieren und unseren Standpunkt vertreten möchten, sind diese Haltungen nicht hilfreich. Stattdessen:

Persönlich, offen, offensiv!

Zurück zum Standpunktvertreten: Wir sind nun in der Königsdisziplin der nonverbalen Kommunikation angekommen. Ist es möglich, bei mir selbst zu bleiben – auch bei Gegenwind? Bei mir bleiben heißt hier konkret, in meiner Körperempfindung zu bleiben: in meiner grashalmbeweglichen Mitte (mit spürbarem Boden unter den Füßen), geborgen in meinem großen Raum (meiner Kugel) und mitsamt meinen Elefantenohren (die mir Stimmvolumen geben) – während des Sprechens! Es ist einfach, SOO oder U-O-U zu tönen, wie im Kapitel »Stimme« auf Seite 71 beschrieben, es ist auch einfach, Silben ohne Sinn oder einen Übungssatz zu sprechen und dabei im vollen Besitz meiner körperlichen Präsenz und Stimme zu bleiben, weil ich nur darauf fokussiert bin. Im Denk-Sprech-Prozess fahren wir jedoch zweigleisig: Zur Körperempfindung kommen Gedanken, die zu Sprache geformt werden. Gibt es dazu auch noch Gegenwind von den Gesprächspartnern, sind wir auf der Buckelpiste der Kommunikation angekommen. Skifahrer brauchen viel Wendigkeit, Kraft und Reaktionsvermögen, um herausfordernde Berghänge zu meistern.

Kraft! Die dem Körper innewohnende, im Becken beheimatete Aggression ist auch eine Form von Kraft, eine besonders starke Kraft sogar. Aus meiner Sicht ist sie positiv zu bewerten, solange sie niemandem Schaden zufügt. Sie lässt uns das Ruder in die Hand nehmen und handeln. Ich möchte dich nicht überreden, haltlos herumzubrüllen, deine Gesprächspartner zu verletzen und womöglich mit dem Etikett »cholerisch« versehen zu werden, im Gegenteil. Zähne haben und darum wissen, das reicht schon. Wir brauchen nicht zuzubeißen. Hier eine Übung für dich, in der du mit deiner kraftvollen offensiven Körpersprache experimentieren kannst. Du brauchst dazu eine Partnerin oder einen Partner.

So nicht, sicher nicht mit mir!

1. Bereite dich vor:
   - Streiche deine Kugel aus, nimm deinen Raum ein.
   - Komme in deine bewegliche Mitte.
   - Deine Elefantenohren? Fahre sie aus und lasse deine Stimme mit ein paar Worten klingen.
   - Dein Brustlicht? Streiche und klopfe es, du wirst es gleich brauchen.

2. Du hast nun mit deinem Partner ein Hühnchen zu rupfen. Stelle dir bitte etwas vor, was dich geärgert haben könnte. Formuliere dann einen Satz, zum Beispiel:
   - Du bist schon wieder zu spät gekommen, das mag ich nicht.
   - Du hast die E-Mail noch immer nicht abgeschickt, das ärgert mich.
   - Deine Arbeit ist meiner Meinung nach unzureichend.
   - Ich kann mich offensichtlich nicht auf dich verlassen.
   - Oder eben: So nicht, sicher nicht mit mir!

3. Nun stellt euch einander gegenüber, mit etwa 1,5 Meter Abstand. Deine Brust soll sich dabei genau parallel zur Brust deines Gegenübers ausrichten, damit stellst du direkten Kontakt her. Stelle dich jetzt innerlich auf Gegenwind ein. Du brauchst mehr Körperspannung, um Widerstand leisten zu können! Der Kontakt deiner Füße zum Boden ist dabei wichtig. Nun sprich deinen Satz.

   Bleibe dabei in deiner Mitte, auch mit dem Kopf! Weiche nicht aus und wackle nicht, bleibe ruhig.

   Bleibe gewappnet gegen Widerspruch (oder Gegenwind), bleibe in deiner erhöhten Körperspannung, auch wenn es anstrengend ist.

Dein Blick bleibt auf dein Gegenüber gerichtet.

Zähle nach dem Satz innerlich mindestens bis drei. Lasse deinen Satz stehen. Du brauchst keine Erklärung oder Rechtfertigung abzugeben. Auch deine (klare) Geste darf einen Moment stehen bleiben.

Konntest du deinen Standpunkt vertreten? Oder hast du dich dabei ertappt, den Kopf seitlich zu neigen? Die Hände zurückzuziehen? Den Blick abzuwenden? Hole dir nach der Übung Feedback von deinem Partner. Wiederhole den Satz dann noch einige Male. Wie fühlt es sich für dich an? Dann tauscht die Rollen, jetzt vertritt dein Partner seinen Standpunkt. Achte darauf, ob er standfest bleibt, und gib ihm danach Feedback. Sucht euch andere Sätze aus und übt noch einmal. Diese Übung ist als Modell zu verstehen und bitte so zu adaptieren, wie es sich für dich persönlich stimmig anfühlt.

Hier meine Erfahrung mit dieser Übung für dich, diese Reaktionen habe ich oft von Teilnehmern bekommen:

- »Ich merke selbst, dass ich ausweichen möchte, dass ich den Blick nicht halten kann.«
- »Ich kann den Kopf einfach nicht in der Mitte lassen.«
- »Ich ziehe meine Hand zurück, es fällt mir schwer, meine Geste für einen Moment stehen zu lassen.«

Wir lernen während der Übung unser eigenes Defensivverhalten besser kennen. Wir üben, es wegzulassen und uns stattdessen die anfangs oft fremde, offensive Körpersprache zur Verfügung zu stellen, die wir brauchen, um den eigenen Standpunkt zu vertreten. Ich möchte dich ermutigen, damit lustvoll und spielerisch zu experimentieren. Es ist das wertvolle Vokabular, mit dem wir uns, allein und im Wind, Respekt und Anerkennung verschaffen.

Achtung Flirt!

Mir ist aufgefallen, dass auch unser Flirtverhalten defensives Körpersprache-Vokabular beinhaltet: In der Stand- und Spielbein-Position geben wir seitlich der Schwerkraft nach (siehe Körpersprache-Reise Seite 131). Die Hüft- und Brustsilhouette wird dadurch sichtbarer und wirkt attraktiv. Wir neigen auch hier den Kopf und zeigen den verletzlichen Hals. Gerne wird der Hals beim Flirten berührt, damit lenken wir den Fokus des Gegenübers auf diese Stelle, eine erogene Zone (hier bin ich schön). Gerne kommen auch Blicke von unten, die Augen wirken dadurch optisch größer. Und wir lächeln viel. Natürlich hat das mit Sozialisierung zu tun: Was habe ich durch Nachahmung, Erfahrung und Vorbilder im Laufe meines Lebens als attraktiv wahrnehmen gelernt? Was wird von mir erwartet und durch welches Verhalten löse ich Zustimmung und Wohlgefallen aus, wie wecke ich Interesse?

Das beschriebene defensive Körpersprache-Vokabular wird manchmal aus Unsicherheit in professionellen Kontexten verwendet – nach meiner Erfahrung ist das vor allem ein feminines Thema. Die Person wünscht sich Zustimmung für ihre Idee und zieht unbewusst alle Register der Verführung. Sie punktet mit dem, was sie in Hülle und Fülle hat: Schönheit und Erotik. Das kann gehörig Sand ins Getriebe der Kommunikation bringen. Es stiftet Verwirrung in einem Team. Wie du am Anfang dieses Kapitels gelesen hast, landet die nonverbale Botschaft viel schneller im Gehirn der Gesprächspartner als der Inhalt der gesprochenen Worte. Werden nun erotische Signale ausgesendet, kommen die interessanten verbalen Inhalte unter Umständen zu spät. Erotik hat eine starke Wirkung, sie zieht die Anwesenden in ihren Bann, sie löst etwas aus. In beruflichen Situationen können ungewollte erotische Signale so zum Killer werden.

»Ich wünsche mir, von meinen Kollegen ernstgenommen zu werden. Oft habe ich das Gefühl, sie sehen meine Leistung nicht, sondern interessieren sich für mich als Frau.« Das sind Sätze, die ich in vielen Variationen schon oft gehört habe. Es ist so ähnlich wie mit allen anderen nonverbalen Botschaften, wenn sie nicht zu dem gesprochenen Inhalt passen, lenken sie ab. Sie erzählen zeitgleich etwas anderes. Würde ich breitbeinig stehend, mit in die Hüften gestemmten Händen und abgespreizten Ellbogen zu meinem Team sprechen, wäre die Reaktion, die ich damit auslöse, höchstwahrscheinlich Ärger, Ablehnung und Zurückweisung. Niemand mag das, es wirkt meistens aggressiv (siehe Seite 141). Mit dem beschriebenen Flirt-Vokabular löse ich bei manchen Personen wahrscheinlich Begehren aus. Ist es meine Absicht, meinen Kollegen Paul, der mir schon lange gefällt, zu beeindrucken, dann – gut gemacht! Will ich aber mein Projekt vorstellen, kompetent und professionell meine Inhalte übermitteln und mit meiner Arbeit gehört und gesehen werden, dann brauche ich meine Mitte!

Rufe dir deine bewegliche Mitte ins Gedächtnis, das ist die Position, aus der du deine Inhalte präsentieren solltest. Das wird deiner Karriere bestimmt hilfreich sein. Überzeugend auftretende Frauen? Angela Merkel, Michelle Obama, Hillary Clinton, Madonna, Catherine Deneuve, Johanna Dohnal … also bitte, sowas von in der Mitte!

Angriffe kontern

Das offensive Körpersprache-Vokabular brauchen wir auch, wenn wir angegriffen werden: »Davon hast du keine Ahnung!« oder »Sie immer mit Ihren tollen Ideen!« oder »Kannst du vielleicht auch mal etwas Brauchbares sagen?« oder »Sie kommen wohl immer zu spät«. Die Liste ist lang, bestimmt hast du selbst Erfahrungen damit gemacht. Geschieht das in einer Gruppe, vor Kollegen beispielsweise, und du nimmst es hin, ohne dich zur Wehr zu setzen, so wirst du in den Augen der Kollegen an Status verlieren. Die Körpersprache allein reicht hier oft nicht aus: Wirf den Ball – verbal – sofort zurück!

Abb. 26: den Ball zurückwerfen ...

Abb. 27: ... sofort!

Überlege dir einige Sätze für so einen Fall, die dir leicht über die Lippen kommen. Was kannst du sagen? Nach einer solchen Situation fallen uns meistens hundert Dinge ein, die wir hätten antworten können, aber dann ist es schon zu spät. Du kannst beispielsweise sagen: »Was meinen Sie damit?« oder ein ironisches »Das ist aber nett von Ihnen, könnten Sie das bitte noch mal sagen?« oder »Das geht auch freundlicher, oder?« Wenn du in der Lage bist, mit Humor zu reagieren, ist das umso besser: Ein schlagfertiges »Geht's noch?« mit einem kleinen Lachen, wenn es in der Situation angemessen ist, kann helfen. Was immer für dich passt, überlege dir einige Sätze, mit denen du den Ball sofort zurückwerfen kannst. Übe sie in deiner offensiven Körpersprache. Sogar ein klägliches »Das mag ich nicht« ist besser als gar nichts. Auch Schweigen kann eine starke Antwort sein, dazu brauchst du eine klar offensive körpersprachliche Reaktion, die für alle Anwesenden sichtbar ist. Das kann eine Stopp-Geste sein oder ein Blick, der dem Angreifer klar in die Augen schaut, es muss aus der Mitte kommen und immer mit der konfrontativen Haltung der Brust (parallel zum Gegenüber) einhergehen. Wenn du dich nicht zur Wehr setzt, bleibt der Ball bei dir – und das tut weh.

Videotelefonie: Kommunizieren über den Bildschirm

Meeting, Konferenz, Mitarbeitergespräch … Die Idee, von Wien aus einen Geschäftspartner in Asien zu kontaktieren, sein Bild zu sehen und mit ihm zu sprechen, glich noch vor 20 Jahren einem Traum wie in »Raumschiff Enterprise«. Heute ist es einfach und auch kostengünstig. Seit das Covid-19-Virus uns mit diversen Maßnahmen auf Trab hält, wird nicht nur die Kommunikation in andere Städte oder Staaten über Videotelefonie geführt, nein, die Arbeit findet oft zu Hause statt, im Homeoffice. Auch viele firmeninterne Gespräche werden über den Bildschirm geführt. Wir teilen nicht mehr selbstverständlich denselben Raum, atmen nicht dieselbe Luft, sitzen nicht im selben Boot und verlieren so an Gemeinsamkeit. Der alltägliche Kontakt und selbstverständliche Austausch mit den Kollegen, der auch mal persönlich, empathisch oder humorvoll werden durfte, ist damit spärlich geworden. Stattdessen? Allein vor dem flachen Bildschirm sitzen, oft viele Stunden lang. Das kann anstrengend für den Körper werden, der darauf ausgerichtet ist, räumlich zu sehen und sich zu bewegen.

»Ich bin fix und fertig, seit 09:00 Uhr nur Online-Konferenzen, jetzt ist es 16:30 Uhr!« Während des Corona-Lockdowns habe auch ich auf Videotelefonie umgestellt und diesen Satz hörte ich immer wieder. Eine ganze Menge der analogen Kommunikations-Informationen fällt weg: Körpersprache? Nur in abgeschwächter Form kann sie hier helfen, unsere Inhalte zu übermitteln. Die Arme werden oft am Tisch abgelegt und die ausdrucksstarken Hände, die unsere Inhalte nonverbal sichtbar und plastisch machen, damit geparkt. Wir verlieren an Raum, an Aktionsradius. Das Becken kippt nach hinten, die Brust gibt nach, der Atemraum wird dadurch kleiner und weniger beweglich – und die Stimme? Klingt dementsprechend leiser, blasser und schwächer. Es ist manchmal ermüdend, den durch das Mikrofon ohnehin schon reduzierten Stimmen zuzuhören, denn nicht die gesamte Klangfülle wird übertragen, viele Obertöne und ein wenig Volumen gehen verloren.

Umso wichtiger ist es nun, sich bewusst Atemraum und Klangraum zur Verfügung zu stellen. Ein Redeschwall ist schon in analoger Kommunikation kaum verständlich, über den Bildschirm kicken wir uns mit einer Sprechweise ohne Punkt und Komma sofort ins Aus: Achte in solchen

Fällen besonders darauf, Punkte zu setzen und inhaltlich nötige Pausen zu machen, damit deine Gesprächspartner die Chance haben, deinen Inhalt aufzunehmen und einzugliedern. Auch deine Artikulation spielt nun eine besondere Rolle: Wer deutlich spricht, wird gern gehört. Wenn ein Großteil der nonverbalen Kommunikation ausfällt, muss das Gehirn andauernd Ergänzungsarbeit leisten, das kostet Kraft.

Wir sollten den Inhalten der Gesprächspartner folgen, technische Pannen umschiffen und uns Gehör verschaffen. Dabei frisch, locker und klangvoll zu bleiben und die eigenen Ideen überzeugend zu übermitteln – das klingt nach einer Herausforderung. Hier sind einige Hilfestellungen für dich.

Wie Online-Kommunikation besser klappt: acht hilfreiche Ideen

1. Richte dein Bild auf Augenhöhe ein. Der obere Rand deines Bildschirmes sollte auf Höhe deiner Augen sein. Bitte probiere es mal aus: Ein durchschnittlicher Laptop schaut uns von unten an, man sieht dabei aus wie der US-Präsident der 1980er-Jahre, Ronald Reagan. Staatspräsidenten lassen sich gern von unten bewundern, damit der Status gleich offensichtlich ist. Auf Augenhöhe lässt es sich jedoch besser kommunizieren. Stelle deinen Laptop beispielsweise auf ein paar dicke Bücher. Wichtig, wenn du von zu Hause aus arbeitest: Was soll dein Gesprächspartner von deinem Homeoffice sehen, wie viel Home möchtest du preisgeben? Entscheide bewusst, was im Bild sein darf und was nicht. Wäscheständer, Kochtöpfe, Bett und Kinderspielzeug: lieber nicht. Aus deinem Kopf soll bitte auch keine senkrechte Bilderrahmen-Linie wachsen, das lenkt ab. Ich hatte vor Kurzem ein Video-Meeting mit einem Herrn, über

dessen Kopf ein riesiges Foto eines Löwen zu sehen war. Selten habe ich so intensiv über Löwen nachgedacht ... Bewege deinen Bildschirm so lange, bis du einen schönen Ausschnitt gefunden hast.

2. Bleibe in deiner beweglichen Mitte: Suche bewusst deinen Grashalm und bleibe in diesem Bereich – beweglich! Dein Becken darf sich leicht und flexibel wiegen lassen und auf dem höchsten Bereich deiner Sitzknochen balancieren (siehe »So findest du deine bewegliche Mitte: der Grashalm«, Seite 17). Versinke bitte nicht in deinem Sessel! Dein Brustlicht darf strahlen (lasse es nicht ins Schneckenhaus einsinken, siehe Seite 143), deine Präsenz wird dadurch aktiviert. Du wirkst automatisch wach und aktiv.

Abb. 28: eingesunken vor dem Bildschirm – oje!

Abb. 29: Videotelefonie: die bewegliche Mitte beibehalten

3. Zwischendurch lockern: Nimm dir zwischen zwei Terminen bitte Zeit dafür.

Übungen, die Spaß machen

1. Stehe auf, dehne, räkle und strecke dich genüsslich, mit Stimme!
2. Laufe durch deine Wohnung, Knie hoch!
3. Gehe tief in die Hocke, Hände auf die Oberschenkel und stoße dich ab – atme dabei hörbar aus: FH! Oder mit Stimme: HO!
4. Die Schulterwaage zur Lockerung des Schultergürtels: Der Schultergürtel, die Nackenmuskulatur und die Kiefergelenke werden oft fest und unbeweglich, wenn wir lange sitzen. Hier eine Lockerungsübung für dich, im Sitzen, aus deiner beweglichen Mitte: Lasse langsam ein Ohr in Richtung Schulter sinken, der Blick bleibt dabei nach vorne gerichtet und der Arm gibt etwas nach in Richtung Boden. Das Nachgeben und Lockerlassen des Kopfes bringt eine Dehnung der Nackenmuskulatur mit sich. Kehre nun langsam wieder zurück in deine bewegliche Mitte. Einige Male, dann kommt die andere Seite dran.
5. Nun kommt eine Streicheleinheit für die Stimme dazu: Willst du deiner Stimme etwas Gutes tun, beginne sie leise klingen zu lassen. Im Zurückkehren zur Mitte: NNNN. Mache das einige Male. Dann wird ein Vokal drangehängt: NÜÜÜ. Die Vibration der Stimme hilft dabei, Verspannungen zu lösen.
6. Streiche leicht von den Kiefergelenken über die Wangen zum Kinn, seufze dabei ganz wundervoll: HAAA ... HOOO ...
7. Bevor du in das nächste Videotelefongespräch gehst: Lege deine Hände übereinander auf die Brust unter das Kehlgrübchen. Mit MHMMM, ÄHMMM landest du in deiner Wohlfühlstimmlage, siehe auch Punkt 6.

4. Sprich deutlich: Deine genüsslich klangvolle Artikulation ist gefragt. Bitte genieße jeden Laut, deine Gesprächspartnerinnen werden es dir danken (siehe bitte die Übungen im Kapitel Artikulation ab Seite 107).
5. Klangvoll sprechen – auch über den Bildschirm: Was für die analoge Kommunikation gilt, ist auch am Bildschirm sowohl für dich selbst als auch für deine Gesprächspartner sehr hilfreich und angenehm. Nimm bewusst deinen Raum ein (Luft unter die Flügel), male dafür deine Kugel zwischendurch aus. Deine Stimme wird gern darin klingen (siehe »die Kugel-Übung« auf Seite 35 und »Deine Stimme klingt in deinem Raum« auf Seite 85). Wichtig: Lausche deiner Stimme, genieße ihren Klang im Raum. Deine Gesprächspartner sind nur scheinbar 40 Zentimeter entfernt! Stelle dir bitte deinen Meeting-Raum vor, in dem alle deine Kolleginnen sitzen: lebensgroß, nicht im Briefmarkenformat wie am Bildschirm.
6. Deine Wohlfühl-Stimmlage ist gefragt: Bevor du in ein Videotelefongespräch gehst, komme in deine ideale Sprechstimmlage (siehe »So findest du deine ideale Sprechstimmlage«, Seite 78). Lege deine Hände überkreuzt auf die Brust unter das Kehlgrübchen und suche deinen körpereigenen Brummton: MHMMM, ÄHMMM … Genieße die Vibration unter den Händen. In dieser Lage beginnst du zu sprechen, dieser Bereich soll das Zentrum deiner Stimm-Modulation sein. Hier sprichst du mühelos und ökonomisch.
7. Entspannung für die Augen: Das flache Bild strengt unsere auf Dreidimensionalität ausgerichteten Augen an. Schenke ihnen zwischendurch etwas Pflege und Aufmerksamkeit.

Die Augen entspannen

Lege deine Hände über die Augen, die Handteller decken die Augenhöhlen dabei sanft zu. Genieße die absolute Dunkelheit. Etwa 1–2 Minuten. Spüre nach.

Lasse nun die Augen bei geschlossenen Lidern fünfmal langsam nach rechts gleiten und wieder zurück in die Mitte, einen imaginären Horizont entlang. Spüre nach. Dann links.

Stelle dir einen Punkt zwischen deinen Augenbrauen vor: Richte (mit geschlossenen Lidern) den Blick dorthin. Kehre langsam wieder zurück. Einige Male. Dann bitte ausruhen und nachspüren.

Scharfstellen: Suche dir Punkte in unterschiedlichen Entfernungen. In einer Armeslänge Abstand, in 5 Metern, in 20 Metern und in der Weite, wenn möglich. Decke das linke Auge mit einer Hand zu. Spiele nun mit den Entfernungen. Verweile einige Sekunden mit dem Blick auf dem Punkt im Abstand von einer Armeslänge. Dann in 5 Metern und danach in 20 Metern Entfernung. Nun in der Weite. Das Auge stellt jeweils scharf. Das ist eine Wohltat für die Augenmuskulatur. Nun in umgekehrter Reihenfolge: Weite, 20 Meter, 5 Meter, Armeslänge. Lasse das Auge nun ausruhen und spüre nach. Nun kommt die andere Seite an die Reihe.

Zum Abschluss: Lege noch einmal für eine Weile die Handteller über die Augen, genieße die Dunkelheit. Dann lasse die Hände sinken. Beobachte die Lichteindrücke, die durch die geschlossenen Lider zu dir kommen. Öffne nun langsam die Augen. Wie fühlt sich das an? Was hat sich verändert? Ist die Welt bunter geworden und deine Augen sind erfrischt?

8. Probiere es im Stehen: Ein Laptop lässt sich auch etwas höher platzieren, in ein Regal beispielsweise. Probiere dein nächstes Videotelefongespräch mal im Stehen aus. Auch hier brauchst du deine bewegliche Mitte, deinen Raum und sämtliche Sprechtechnik-Tools. Was fällt dir auf? Vielleicht mehr Lebendigkeit, Beweglichkeit und Spaß? Du wirst nicht so bald müde? Du hältst länger durch? Gerade wenn du einige Stunden hintereinander am Bildschirm arbeitest, empfehle ich dir Abwechslung. Dein Körper wird es dir danken und deine Kommunikation wird davon profitieren.

Kein Video-Meeting und kein Telefongespräch der Welt kann analoge Kommunikation ersetzen. Kein Emoji und kein noch so tolles Hightech-Equipment wird eine Hand, die sich auf deine Schulter legt, einen Witz, über den ein Team gemeinsam lacht, oder ein »Hier ist dein Kaffee« ersetzen können. Suche, wenn es sich irgendwie bewerkstelligen lässt, nach Möglichkeiten, analog und in persona zu kommunizieren.

Wichtig für dich: Du bist reich an Möglichkeiten, wähle bewusst, was dich selbstsicher macht!

Unsere Körpersprache ist reich, bunt und vielfältig! Vieles ist uns vertraut, anderes weniger. Wir dürfen alles Mögliche, ich bitte dich aber, sorgfältig auszuwählen: Was aus meinem großen Körpersprache-Repertoire ist hilfreich für die Situation, in die ich gleich gehe? Was weniger? Manche Menschen sind vertraut mit ihrer selbstsicheren beweglichen Mitte und leben klangvoll in ihrem großen Raum, andere weniger. Ich hoffe, du hast dich und deine körpersprachlichen Gewohnheiten nun etwas besser kennengelernt. Wenn dir aufgefallen ist, dass du deine Arme oft nah am Oberkörper trägst, dann übe dich im Flügelausbreiten. Wenn du bemerkt hast, dass du häufig deinen Kopf seitlich geneigt hältst, hole ihn immer wieder in die Mitte und freunde dich mit deiner offensiven Körpersprache an. Was dir ohnehin gehört, ist ein Geschenk, und was dir schwerfällt und sich noch fremd anfühlt – das übe bitte, damit du virtuos damit spielen kannst! Deine offene und selbstsichere Körpersprache wird dir dabei helfen, dich mit deinen schönen Ideen durchzusetzen!

7.
Lampenfieber auflösen – so wird's gemacht

Ich werde oft nach Lösungsmöglichkeiten für Lampenfieber gefragt und schreibe darum dieses Kapitel – für alle, die mit quälender Aufregung, Nervosität und Auftrittsangst zu kämpfen haben. Immer wieder habe ich die Erfahrung gemacht, dass Atem- und Körperarbeit dabei gut helfen können. Auch andere Ideen und Hilfestellungen habe ich hier für dich aufgeschrieben. So unangenehm Lampenfieber für uns selbst ist, für die anderen ist es oft kaum sichtbar. Und darüber wirst du dich freuen: Du kannst es tatsächlich loswerden!

Das Herz rast, kalter Schweiß steht uns auf der Stirne, der Magen ist flau … Wir wollen am liebsten nach Hause ins Bett, uns einigeln oder zurück zu Mama. Warum tue ich mir das an? Es wird nicht klappen! Ich bin an der einen Stelle immer unsicher gewesen, ich werde mich versprechen, ganz sicher. Der Beamer wird ausfallen, ich erinnere mich gar nicht mehr, was kommt noch mal nach Punkt 2? Quälende Gedanken, das Selbstvertrauen sinkt auf den Nullpunkt. Ich mache mich lächerlich, ich bin nicht gut genug. Und was ich heute angezogen habe, ist vollkommen daneben, das steht mir nicht. Ich sehe grauenhaft aus. Ich fühle mich so klein. Ich habe Angst. Meine Stimme ist mickrig, ich werde zu leise sein, ich werde mich verzweifelt bemühen, lauter zu sprechen, aber es wird immer schlimmer werden. Wie unfähig kann man eigentlich sein! Ich schäme mich jetzt schon! Ich werde nicht mehr weiterwissen, werde stecken bleiben, werde mittendrin aufhören zu sprechen. Weit unter meinem Niveau wird das sein, eine Blamage, wie peinlich! Eiskalte Hände, vielleicht auch Übelkeit. Lieber weglaufen oder jemand anderes sein, ein Floh, ein Vogel oder ein Holunderstrauch – nur nicht ich! Lampenfieber ist eine Qual, unerträglich, es muss aufhören, ein für alle Mal.

Die gute Nachricht: Lampenfieber kann man wegtrainieren. In diesem Kapitel findest du sieben Strategien, die dir Wege aufzeigen, wie du dein Lampenfieber überwinden kannst.

Es gibt beinah so viele Tipps gegen die lähmende Nervosität wie Erfahrungsberichte. Stelle dir dein Publikum in Unterwäsche vor. Gehe vor deinem Auftritt lange spazieren. Mache Sport. Yoga, das hilft! Der US-amerikanische Komiker Jerry Lewis meinte, er würde sich, bevor er die Bühne betrete, intensiv vorstellen, wie sehr jede einzelne Person im Publikum ihn liebe, sich nach ihm sehne und auf ihn gewartet hätte. Er tauche dann in einen warmen Pool aus Zuwendung. Ich habe über zwanzig Jahre als Schauspielerin gearbeitet und Kolleginnen und Kollegen mit den unterschiedlichsten Strategien im Umgang mit ihrer Nervosität kennengelernt. Eine Kollegin brauchte ihre drei getrockneten, in ein Damast-Tüchlein eingewickelten Veilchen und sie wurde ruhig. Wenn ihr Kostüm keine Taschen hatte, dann wurden die Veilchen im BH aufbewahrt. Vor der Vorstellung vergewisserte sie sich, ob die Veilchen noch an ihrem Platz waren. Einmal waren sie nicht da! Ein Desaster für meine Kollegin … Solche Verzweiflung habe ich selten erlebt. In der Aufregung konnte sie sich nicht erinnern, ob sie die Veilchen schon im Kostüm verstaut oder sie irgendwo hingelegt hatte. Das ganze Schauspiel-Ensemble suchte ihre Veilchen. Die Vorstellung sollte längst beginnen. Ihre Garderobiere hatte die Idee, sie solle sich noch mal ausziehen und nachsehen. Ein geschnürtes Kleid mit Reifrock. Das dauerte … und siehe da, da waren ihre Veilchen. Etwas hinuntergerutscht, eingezwickt im engen Kleid. Doch die Vorstellung konnte stattfinden. Was für eine riskante Strategie!

Mir selbst hat die folgende Idee geholfen, meine Nervosität vor dem Auftritt zu vermindern: Ich bin doch nicht so wichtig, der Text ist wichtig, das Stück! Und das habe nicht ich geschrieben. Die Inszenierung, doch nicht ich! Die Autorinnen und Autoren, Regisseurinnen und Regisseure tragen die Verantwortung. Das beruhigte mich ungemein. Das kritische Auge des Publikums würde sowieso vor allem den Text und die Arbeit der Regie unter die Lupe nehmen. Ich fühlte mich geborgen in einem großen Ganzen und konnte mich unbeschwert auf meine Rolle konzentrieren. Solange ich daran glaubte, klappte das ganz gut. Als ich aber persönliches Feedback zu dem, was ich da auf der Bühne gemacht hatte, bekam, dämmerte mir, dass die meisten Menschen nicht zwischen dem Theaterstück und den Schauspielern unterschieden. Gerade Kinder sind ein ehrliches Publikum und unmissverständlich in ihren Reaktionen. Gefällt ihnen die Vorstellung nicht, sausen sie im Zuschauerraum herum und spielen Fangen. Sind sie berührt, sitzen sie mit roten Wangen mucksmäuschenstill und nehmen alles für bare Münze: »Mama, die Fee kommt!« Sie warteten nach der Vorstellung beim Bühnenausgang und umarmten mich – oder vielmehr die Fee. »Komm mit zu mir, Fee!« Meine Lampenfieber-Strategie war wie weggeblasen. Ich bin es, die Leute nehmen mich persönlich wahr, nicht die Inszenierung, nicht das Theaterstück, nicht den Text.

Eine Erkenntnis jedoch nahm ich aus meiner gescheiterten Lampenfieber-Strategie mit, oder eher einen Zustand, der mir mittlerweile vertraut war: warm, weich und wohlig in meiner Rolle zu sein, bevor ich auf die Bühne gehe. Den Fokus auf meinen Inhalt zu lenken und damit weg vom kritischen Blick von außen und weg von meiner Aufregung.

Was will mein Lampenfieber von mir?

Auch das schlimmste und unerträglichste Lampenfieber meint es gut mit uns: Es will uns retten. Weg von hier, lauf! Die Situation wird als gefährlich, sogar lebensbedrohlich eingestuft. Der überlebenswichtige Angstreflex versetzt den Körper in Alarmbereitschaft und ermöglicht uns, schnell zu reagieren. Weglaufen oder angreifen? Blitzschnell treffen wir Entscheidungen. Das Gehirn setzt die Stresshormone Adrenalin, Noradrenalin und Cortisol frei, wir atmen schneller, das Herz schlägt schneller und versorgt den Körper mit mehr Blut. Würden wir nun wegrennen, so wäre dieser evolutionstechnisch äußerst erfolgreiche Cocktail aus Hormonen und vermehrter Sauerstoffzufuhr vielleicht sogar lebensrettend: Er ermöglicht uns Höchstleistungen und der Energie-Boost wird dabei verbraucht. In einer Auftritts- oder Prüfungssituation aber können wir uns nicht ausreichend bewegen, die ausgeschütteten Stresshormone bleiben im Körper. Die Folge davon sind die bekannten Lampenfieber-Symptome: zitternde Hände, Erröten, Schwitzen, ein unruhiger Magen, Herzrasen, Atemnot. Was tun?

Déidre Mahkorn, Psychiaterin und Psychotherapeutin, sagt, es gelte, die eigene negative Denkspirale zu durchbrechen. Sie ist Expertin für Bühnenangst und leitet die Lampenfieber-Ambulanz der Universitätsklinik Bonn. In der exponierten Situation eines Konzerts oder eines Vortrages setzen wir uns dem Vergleich mit Kollegen und einer möglichen negativen Bewertung aus – und das wäre mit der Befürchtung zu scheitern verbunden. Eine gewisse (anregende) Aufregung wäre dabei ganz normal. Nur bei einem kleinen Teil der Bevölkerung würde sich diese zu einer krankhaften Angst auswachsen. Dazu zählen auch andere soziale Situationen wie die Herausforderung, auf eine Party zu gehen oder eine Hochzeitsrede zu halten. Das könne bis zu einer Panikstörung führen. Lampenfieber zähle zu den sozialen Phobien. Vorsichtiges und ängstliches Verhalten sei oft erlernt. Kinder von Eltern, die unter einer sozialen Phobie leiden, seien viermal häufiger selbst davon betroffen als andere Kinder. Auch das Leistungsdenken im Elternhaus führe später häufig zu einem übersteigerten Anspruch an sich selbst.

Die Lampenfieber-Expertin arbeitet vorwiegend mit Musikern und Musikerinnen, die so sehr unter Auftrittsangst leiden, dass sie ihren Beruf nicht mehr ausüben können. »Es sind leistungsorientierte Perfektionisten mit hohem Ehrgeiz. Sie sind mit sich selbst zu streng und hadern im Rückblick über jeden Fehler«, sagt sie. Dadurch ergibt sich ein Teufelskreis: Das Scheitern wird schon im Kopf vorweggenommen, obwohl noch gar nichts geschehen ist. In ihren Therapien lernen Betroffene, aus diesem Teufelskreis aus Angst und negativen Gedanken auszusteigen.

Das Vermeiden der Situation könne die Ängste noch steigern: »Durch die Vermeidung wird die Grundüberzeugung nachgefüttert, dass etwas total missglücken könne.« Dadurch würde die Gefahr, Panik zu entwickeln umso größer.

Die negative Denkspirale beinhalte auch, dass betroffene Personen die Aufmerksamkeit auf ihre körperlichen Symptome lenken. Das lenke von der eigentlichen Aufgabe ab und führe zu Fehlern.

Was mich an ihrem Therapieansatz, über den sie in dem Interview erzählt, am meisten beeindruckt, ist die folgende Aussage: »Der Weg führt in die Angst.« Was wir tunlichst meiden wollen, was kaum auszuhalten ist, nämlich die Angst, soll der Weg zur Problemlösung sein?

Eine Studentin, Paulina, kam zu mir ins Sprechatelier: Sie leide unter starker Nervosität bei Prüfungen an der Uni, sagte sie, sie hätte schlimme Prüfungsangst. Sie studiere Architektur, erzählte sie mir, und wäre schon mehrmals bei Prüfungen durchgefallen, weil ihr die gelernten Inhalte in der Prüfungssituation nicht mehr einfielen. Kalte Hände, Angstschweiß, Atemnot, Blackout. Die schlimme Erfahrung hatte sich so in ihr festgesetzt, dass sie bereits Wochen vor dem Prüfungstermin Probleme hatte, sich auf die Lerninhalte zu konzentrieren. Sie stellte sich unentwegt vor, dass es wieder so sein würde … Sie fühle sich mutterseelenallein in der Situation. Sie würde hektisch atmen und wenig Luft bekommen.

Die unter Stress erhöhte Atemfrequenz kann uns zusetzen: Atem und Psyche sind eng miteinander verbunden. Angst kann uns nahezu die Luft rauben. Unsere Sprache beschreibt die Nahebeziehung von Atem und Psyche: *Mir stockt der Atem* oder *Die Angst schnürt mir die Kehle zu.* Wenn wir ängstlich die Schultern hochziehen, kommen wir in eine Schulter- beziehungsweise Hochatmung. Dabei atmen wir vor allem mit der Brustmuskulatur und nicht mit dem Zwerchfell. Diese Stressatmung kann bis zur Hyperventilation führen. Und in weiterer Folge zu einem Blackout wie bei Paulina. Es gilt, zurück zum frei fließenden Atem zu finden. Rückhalt in sich selbst zu finden. Neue Denkmuster zu finden. Hier nun 7 Strategien für dich, die helfen können, dein Lampenfieber zu überwinden.

Lampenfieber wegtrainieren – 7 Strategien

1. Finde mehr Gelassenheit über deinen Atem

Der Rücken spielt eine bedeutende Rolle auf der Suche nach Ruhe und Gelassenheit. Die meisten Menschen schenken ihrem Rücken wenig Aufmerksamkeit, es sei denn, er meldet sich mit Schmerzen. Im Handspiegel achten wir eher auf die Frisur als auf die eigene Körperrückseite. Diese ist in unserem Bewusstsein meist in einer der hinteren Reihen angesiedelt, aus einem sehr einfachen Grund: Wir können den eigenen Rücken nicht sehen. Unsere Sinne sind nach vorne gerichtet. Wir tasten und greifen vorne. Im Fokus des Auges wird gewerkt. Die Augen sind beweglich und bekommen durch den Hals noch mehr Spielraum, dennoch sind sie nach vorne gerichtet, das ist ihre Home-Einstellung. Der Geschmackssinn bekommt Input durch den Mund – von vorne. Der Geruchslandeplatz im Körper ist vorne, prominent und mitten im Gesicht: die Nase. Sogar unsere Ohren heben sich etwas vom Kopf ab und richten sich nach vorne. Einige unserer Verwandten, andere Säuger, können ihre Ohren nach hinten drehen (Katzen beispielsweise) oder sie bei Gefahr anlegen. Andere Tiere können nach hinten schauen: Der sibirische Uhu kann seinen Kopf um 360 Grad drehen und damit seinen Rücken genauestens betrachten. Wir Menschen können weder die Ohren drehen noch den Blick gerade nach hinten richten. Und so übersehen wir ein körperimmanentes Juwel: den Rücken.

Die Nieren bilden die kraftvolle Mitte des Rückens, sie liegen rechts und links der Wirbelsäule unter dem Brustkorb in Richtung des Beckens. Sie sind durchschnittlich 10–12 Zentimeter lang und sie senken sich mit der Atembewegung leicht nach unten. Die Traditionelle Chinesische Medizin sieht in der Niere einen Kraftspeicher, den Sitz von Essenz.

Katharina Rubi-Klein, Ärztin für Allgemeinmedizin und Ganzheitliche Medizin in Wien, spricht – in einem Interview über die Rolle der Niere befragt – über den Begriff *Urkraft:* *»Die Niere steht in der traditionellen chinesischen Medizin (TCM) für die Ur-Essenz, die Urkraft Qin. Prinzipiell steht sie für alles, was wir von unseren Eltern an genetischem Material mitbekommen haben. Diese Ur-Essenz ist in der Niere gespeichert und steht uns als körperimmanente Lebenskraft zur Verfügung. Je schneller wir das Qin verbrauchen, desto früher werden wir aus dem Leben scheiden. Zwei weitere Faktoren spielen hier eine wichtige Rolle: die Ernährung und der Lebenswandel (dazu gehören sowohl Bewegung als auch Regeneration und soziale Kontakte). Das Qin bildet gemeinsam mit der Ernährung und dem Lebenswandel die Lebensenergie Qi, die im Körper fließt. Die Niere ist aus Sicht der TCM die verantwortliche Kraftgeberin für Knochen, Fruchtbarkeit und für unsere Lebensflexibilität. In China wird die Natur gerne als vergleichendes Sinnbild für den Menschen genommen: Der starke und zugleich bewegliche Stamm eines Baumes und seine Äste – kannst du dem Wind widerstehen bzw. flexibel nachgeben? Oder bricht der Baum entzwei? Die Wirbelsäule und die Kniegelenke sind damit vergleichbar: Stehen wir flexibel und beweglich im Leben oder starr, fest und dadurch zerbrechlich? Wir können zur Regeneration der Niere beitragen, indem wir verantwortungsvoll und ökonomisch mit unserer Kraft haushalten: Zu viel Arbeit, wenig Schlaf, starke Belastung oder achtlose Ernährung, das kann schon mal vorkommen. Wenn es für den Körper jedoch zu viel wird, greift er auf die Urkraft Qin zurück. Wir sollten darauf achten, nicht zu lange mit dem »Reservetank« zu laufen und möglichst bald wieder Treibstoff nachzufüllen: durch Erholung, Schlaf, Bewegung und gute Ernährung. Das Zusam-*

menwirken von Verbrauch und Zufuhr sollte stimmen! Das Qin wird im Laufe des Lebens nach und nach verbraucht. Es liegt in unseren Händen, achtsam damit umzugehen und es zu nähren.«

Der Nierenraum ist unser Lebenskraft-Speicher. Ein Ort der Wärme. Ein Ort, an dem ich mich anlehnen kann. Ein Ort von Rückhalt und Geborgenheit. Ein Ort, in dem ich in mir selbst Gelassenheit, Ruhe und Kraft finden kann. Wenn wir das Bewusstsein für den eigenen Rücken schärfen, können wir wohlig sicher und geborgen bei uns selbst zu Hause sein – selbst in herausfordernden Situationen. Die Anforderungen des täglichen Lebens sind manchmal sehr hoch: Wir müssen so vieles, müssen Erfolg haben, müssen Geld verdienen, müssen gute Partnerinnen oder Partner sein und tolle Eltern, wir müssen unzählige Termine unter einen Hut bringen und dabei möglichst gut aussehen. Wir müssen andauernd etwas leisten und abliefern – nach außen bringen. Dabei besteht die Gefahr, dass wir uns verausgaben, dass wir uns im Außen zerfleddern und mehr geben, als uns guttut.

Der Rücken ist das körpereigene Erholungsgebiet. Wir dürfen uns im eigenen Rücken anlehnen, in jeder Situation. Die Dinge zu uns kommen lassen und uns weniger nach außen anstrengen.

Abb. 30: Rückhalt im Rücken

Rückhalt finden im Rücken

1. Bitte aktiviere die Empfindung für deinen Rücken, indem du über ihn streichst oder ihn sanft abklopfst. Die Wirbelsäule wird dabei ausgespart. Den unteren und mittleren Bereich können wir selbst anregen. Für den oberen Rücken brauchen wir Hilfe: Du kannst eine Freundin oder einen Freund bitten oder ein Handtuch bzw. ein Thera-Band verwenden, um damit über deinen Rücken zu streichen. Nimm dir Zeit, deinen Rücken zu erkunden und zu aktivieren. Nun spüre die Größe, Länge und Breite deines Rückens. Richte dich dann im Sitzen ein, auf dem höchsten Bereich deiner Sitzknochen balancierend.

2. Nun verlagere dein Gewicht hinter die Sitzknochen, das Becken kippt leicht nach hinten, der Rücken rundet sich dabei ein wenig und der Kopf bleibt in Verlängerung der Halswirbelsäule. Dann kehre wieder zurück in deine bewegliche Mitte: Rolle über die Sitzknochen zurück in die Ausgangsposition. Nicht darüber hinaus. Lehne dich in dir selbst, in deinem Rücken an. Wiederhole diese Bewegung einige Male. Dann atme in der Bewegung nach vorne hörbar aus: FFFFH. In die bewegliche Mitte zurückgekehrt, wartest du, bis der Einatem von allein kommt. Lasse deinen Kiefer locker, damit der Atem durch Nase und Mund fließen kann. Wenn er kommt, gib wieder nach und lasse dein Becken nach hinten kippen, einige Male. Zurückkehren mit FFFFH.

Dein Atem darf sich in deinem Rücken ausbreiten, ja, er darf sich hier anlehnen. Wenn du zurück in die Mitte gehst, bleibe angelehnt. Behalte die Anbindung an deinen Rücken in der Vorwärtsbewegung bei.

Nun nimm deine Stimme dazu, am Weg zurück in die Mitte: SOO oder U-O-U. Achte darauf, tatsächlich in die Mitte zu kommen und nicht zu weit nach vorne. Erkunde den Bereich, in dem du noch wohlig lehnst, und spüre, ab wann du dich nach vorne verlierst. Vielleicht kannst du es auch am Klang deiner Stimme hören. Sie wird eng, wenn wir in Hohlkreuz-Position kommen. Lande immer in der feinen Balance auf deinen Sitzknochen.

Die Anbindung an den eigenen Rücken erfahren – mit Atem und Stimme. Danach gehen wir noch einen Schritt weiter: Sprich nun einige Silben am Weg zurück in die Mitte: BA-BA-BA, BO-BO-BO, BU-BU-BU. Und später einen kurzen Satz deiner Wahl. Einige Male. Dann spüre nach.

Ein Gefühl von Sicherheit kann entstehen. Wie klingt deine Stimme? Voller und ruhiger?

> TIPP
>
> Übe, die Anbindung an den Rücken zu finden, und pflege diesen Ort des Rückhaltes in dir selbst. Je vertrauter er dir ist, desto selbstverständlicher wirst du ihn in herausfordernde Situationen mitnehmen können. Gehe stark, mit breitem Rücken, in die Situation!

2. Unbequem, aber effektiv: Stelle dich der Angst

Schaue der Situation ins Auge, konfrontiere dich damit – in kleinen Schritten. Der Fachbegriff dafür lautet: *Systematische Desensibilisierung*. Hast du Angst vor Hunden, so ist es ratsam, anfangs Vertrauen zu Welpen herzustellen und später den Kontakt zu größeren Hunden zu suchen. Steigere die Herausforderungen schrittweise. Mache dir dazu einen Plan. Was willst du in drei Monaten erreichen? In sechs Monaten? Für eine Auftrittssituation gilt: Übe deine Präsentation, deine Rede oder dein Musikstück zuerst vor wenigen Zusehern, vielleicht auch nur vor einer Person in geschütztem Rahmen. So kannst du positive Erfahrungen sammeln und Vertrauen gewinnen.

Packe den Stier bei den Hörnern: Gehe in die Situation, traue dich aus deiner Komfortzone, auch wenn es unangenehm für dich ist. Wachstum und Lernen sind nicht immer leicht. Du darfst auch mal scheitern. Was passiert, wenn du vor deinen besten Freunden den Faden verlierst? Genau: Nichts! Kannst du auch hin und wieder über dich schmunzeln? Besser wir schütteln uns ab, wenn etwas nicht so toll wie erhofft geklappt hat, und üben weiter.

Hinein in die Situation, statt sie zu vermeiden: Wo das Ausweichen und die Vermeidung der angstbehafteten Situation beginnt, füttern wir unsere Angst. Die eigene Überzeugung »Ich habe es schon wieder nicht geschafft und werde es nie schaffen« wird wiederum bestätigt. Dr. Mahkorn, die Expertin zum Thema Lampenfieber, meint dazu, dass es ein essentieller Schritt sei, die Vermeidung zu durchbrechen. Alles, was die Grundüberzeugung, dass es nicht klappen könnte, korrigiert, sei heilsam. Durch neue positive Erfahrungen verändert sich langsam die Überzeugung. Durch häufige Wiederholung verankern sich neue Informationen im Gehirn. Sich auf sich selbst verlassen lernen! Und das ohne Hilfsmittel von außen: Mahkorn rät entschieden von medikamentöser Unterstützung ab. Betablocker und Co. würden psychische Abhängigkeiten schaffen. Wie beim Veilchen in der Hosentasche machen wir uns abhängig von äußeren Faktoren. Es ginge darum, die Angst selbst unter Kontrolle zu bekommen, sich selbst vertrauen zu lernen. Routine sei dabei ein wichtiger Erfolgsfaktor. Bleibe dran: Du bist gerade dabei, dein Lampenfieber wegzutrainieren und das erfordert Durchhaltevermögen, Geduld und Hingabe. Und auch ein wenig Humor, nehmen wir uns selbst nicht allzu ernst. Der Weg führt in die Angst.

3. Raus aus der negativen Gedankenspirale

Lenke deine Aufmerksamkeit auf deine Inhalte und damit weg von ängstlichen Gedanken und Lampenfieber-Symptomen wie »Mein Herz rast, ich schwitze, meine Hände sind eiskalt«. Wenn deine negativen Gedanken einfach nicht schweigen wollen, dann bleiben sie eben da: Versuche trotzdem, dich auf den Inhalt zu fokussieren. Sehr konkret, langsam und genau: Punkt 1 ... danach kommt Punkt 2 ... Die Störenfriede werden leiser werden und später ganz aufhören. Je mehr Aufmerksamkeit wir auf die Symptome lenken, desto mehr Raum werden sie sich nehmen können. Das Zauberwort lautet: Übung. Denkdisziplin ist erlernbar. Auch die Vorstellung, die Negativ-Gedanken gut verwahrt an einem Ort zu lassen, kann helfen. Ein Schrank, ein Kästchen mit Laden – je genauer dein inneres Bild davon ist, desto besser. Sprich mit den negativen Gedanken, sag ihnen, dass sie vorerst im Kasten bleiben müssen. Sie haben jetzt Pause.

4. Gute Vorbereitung gibt Sicherheit

Verliebe dich in deinen Inhalt: Werde vertraut mit jedem noch so kleinen Detail deines Inhalts. Was magst du besonders an deinem Inhalt? Welche Passagen sind besonders interessant? Besonders lustig, schön, wertvoll oder für dich selbst berührend? Verbinde dich innig mit deinem Inhalt. Lies dazu mehr im Kapitel »Deine innere Haltung« auf Seite 162 – »Warum die persönliche Verbindung mit dem Inhalt wichtig ist« auf Seite 180 und »Finde Punkte der Freude« auf Seite 181.

Sich vertraut machen mit Raum und Technik: Das Fremde, das Unerwartete und die mögliche Katastrophe sind Faktoren, die uns verunsichern können. Kennen wir etwas, so schwindet diese Unsicherheit. Mache dich vertraut mit dem Raum, in dem du auftreten wirst. Bitte um die Möglichkeit, ihn schon vorher betreten und ausprobieren zu können. Lerne den Raum kennen, gehe dein Auftritts-Terrain ab. Setze dich. Spüre die Größe und die Stimmung. Nimm auch den Geruch des Raumes wahr. Breite die Arme aus, streiche deine Kugel aus (siehe Seite 35), sprich einige Sätze. Wie klingt deine Stimme? Höre dir selbst zu, probiere auch ein paar Silben (siehe Übung »Deine Stimme klingt in deinem Raum« auf Seite 85) und lausche dem Klang. Richte dich auf der Bühne in deiner beweglichen Mitte ein und übe den Anfang. Sprich auch die letzten Sätze und stelle dir den Applaus vor. Freunde dich mit dem Raum an: Was ist schön daran?

Wenn du einen Beamer, ein Mikrofon oder andere technische Hilfsmittel für deine Rede, dein Konzert oder deine Präsentation brauchst: Bitte um einen Termin, um mit der Technik vertraut zu werden. Möglichst nicht am selben Tag, sondern einige Tage zuvor. Spiele mit dem Beamer, klicke deine Folien durch. Willst du einen Pointer in der Hand haben? Probiere genau diesen Pointer aus, deine Hand soll sich daran gewöhnen. Nimm dir Zeit und lerne alles in Ruhe und mit Geduld kennen.

Der Raum ist dein Partner. Diese Luft wird deine Inhalte in Form von Schallwellen in die Ohren deines Publikums transportieren. Komme hier an, du darfst dich hier zu Hause fühlen. Später, morgen oder übermorgen wirst du hierher zurückkehren, an diesen vertrauten Ort, und dein Publikum wird da sein. Ist das nicht schön?

Wenn du dich gut vorbereitet fühlst, wenn du mit deinem Inhalt, dem Raum und der Technik vertraut und befreundet bist und wenn du deinen Sack mit Inhalts-Geschenken gepackt hast –dann kannst du darauf vertrauen, dass dein Auftritt gut gelingen wird.

Entscheide bewusst: Jetzt ist es gut, jetzt ist es genug. Jetzt kann ich mich auf mich verlassen und vertrauen, dass es gut wird.

5. Nachbereitung: Bitte um Feedback

Bitte deine Zuschauer um Feedback. Dadurch kannst du deine persönliche Wahrnehmung mit der Realität abgleichen: Oft sind gefühlte »Fehler« für uns selbst schrecklich, aber von außen kaum wahrnehmbar. Wenn eine Passage nicht so gelungen ist, wie du es dir vorgenommen hast, bitte explizit um Rückmeldung dazu. Höre aufmerksam zu und antworte erstmal nicht darauf. Feedback ist ein Geschenk – nimm es entgegen und packe es in aller Ruhe später aus, wenn du allein bist. Was davon kannst du für dich verwenden und was wird entsorgt? Wähle genau aus, was du für dein persönliches Wachstum brauchen kannst.

6. Visualisieren: wenn Tagträume wahr werden

Alle Bilder, mit denen wir unser Gehirn füttern, nehmen hier Platz, werden verarbeitet und tun ihre Wirkung. Sie beeinflussen unser Wohlbefinden auf positive oder negative Art. Es liegt an uns selbst, zu entscheiden, womit wir unser Gehirn beliefern. Welche Bilder sind willkommen, welche machen uns stark, vergnügt und zuversichtlich? Und welche Bilder sollten besser draußen bleiben? Der Körper reagiert auf geträumte oder fantasierte, tag-geträumte Bilder ähnlich wie auf Reize im echten Leben: mit Angst oder Zuversicht, Freude oder dem Wunsch zu flüchten, mit Sanftheit, Ruhe, Zorn oder Ablehnung. Die Lampenfieber-Denkspirale bringt uns in Teufels Küche. Die negativen Befürchtungen und Vorstellungen, mit denen wir das Gehirn beladen, die wir mantraartig wiederholen, entfalten ihre zerstörerische Kraft. Sie lösen Angst aus. Sie machen uns eng. Sie bewirken die Ausschüttung von Stresshormonen. Und so gehen wir dann in die Präsentation oder auf die Bühne. Drehen wir den Spieß um! Füttern wir das Gehirn mit schönen, positiven und kraftvollen Bildern, die uns stärken.

Visualisieren – es wird gut gehen

Nimm dir Zeit für deine Visualisierung. Setze oder lege dich bequem hin. Baue dir das schönste Szenario für deine herausfordernde Situation. Beginne mit dem Morgen, erlebe die Freundlichkeit und Zuwendung aller Personen, die du an diesem Tag triffst. Male dir aus, wie angenehm und schön dieser Tag für dich abläuft. Lasse deiner Fantasie freien Lauf, erfinde die Stunden vor deinem Auftritt. Möchtest du deine Inhalte in deiner Visualisierung noch mal durchgehen, vertrauensvoll und siegessicher? Ersetze dein Lampenfieber durch Ruhe, ziehe dir in deiner Visualisierung das bestmögliche Kleidungsstück an. Stelle dir vor, wie du in den Raum gehst. Mit wem du sprichst. Was du in den Minuten vor dem Auftritt tust. Wie du ruhig und gelassen, mit Freude in die Situation gehst und wie alles bestens klappt. Stelle dir jedes Detail vor. Genieße die Aufmerksamkeit deines Publikums und spüre den Applaus. Erlebe den Auftritt in Form eines bewussten Tagtraumes! Deine persönlichen positiven Bilder werden auf dich wirken, sie werden in deinem Körper Platz nehmen, deinen Atem beruhigen und dir Vertrauen und Zuversicht schenken.

Abb. 31: Visualisieren

Pflege und behüte diese Bilder, du bist dein eigenes, wertvolles Schatzkästchen. Natürlich wird die Realität deiner Visualisierung nicht in jeder Kleinigkeit gleichen. Dein neues Drehbuch wird dich aber stärken und deinen Blick auf die Situation verändern. Richte deinen inneren Kompass – immer wieder – in diese freundliche Richtung.

7. Schutzraum und Hülle: Pflege deine Kugel

Dein Schutzraum darf dich begleiten. Die Armeslänge Raum um deinen Körper herum, die dir gehört und die niemand betreten wird – deine Kugel –, ist immer um dich herum. Nimm die Kugel mit in die herausfordernde Situation. Streiche sie vorher so groß und weit wie möglich aus. Sie wird dir Weite, Größe, Präsenz, Atem und mehr Sicherheit geben. Wenn du dir noch mal in Erinnerung rufen möchtest, wie du die Kugel erarbeitest, dann schaue ins Kapitel »So findest du deinen Raum: die Kugel-Übung« auf Seite 35.

Ein Lern-, Übungs- und Wachstumsprozess darf Zeit in Anspruch nehmen. Dein Lampenfieber wird sich nicht sofort lösen, wenn du einige Male die oben beschriebenen Übungen machst. Wachstum braucht Hingabe und Zeit. Dieses Kapitel soll Denkanstoß und Ermutigung für dich sein, deinem Lampenfieber zu begegnen und es wegfliegen zu lassen. Wenn du das Gefühl hast, allein nicht weiterzukommen und Hilfe und Unterstützung dabei zu brauchen, empfehle ich dir, einen Psychologen oder eine Atempädagogin zu kontaktieren. Sie können dich in deinem Lernprozess begleiten.

Wichtig für dich – Akzeptanz nimmt den Wind raus

Manche Menschen haben Probleme mit dem Magen, andere können nie eine Nacht durchschlafen. Manche haben einen bleibenden Lebensschmerz, weil sie so gerne Skandinavistik studiert hätten, aber alles ganz anders gekommen ist. Manche Menschen sind sehr klein und wären so gerne größer. Andere wurden von einem geliebten Menschen verlassen und kommen nicht darüber hinweg. Manche Männer verlieren schon mit Mitte zwanzig ihre schönen, dichten Haare und empfinden ihre Glatze täglich als Makel. Viele Menschen wünschen sich Kinder, aber das Leben will es anders.

Imperfektion, Schmerz, Angst, Verzicht und Enttäuschung sind Bestandteile unseres bunten und abwechslungsreichen Lebens. Lampenfieber ist quälend – für uns selbst. Von außen betrachtet ist eine kleine Unsicherheit aber durchaus liebenswert. Die Menschen, die uns in der gefürchteten Situation zuhören, haben ihre eigenen Themen, Geschichten und Probleme. Jeder von ihnen kennt das Gefühl von Aufregung und hat schon einmal Angst gehabt zu versagen. Niemand ist perfekt – du nicht und die anderen genauso wenig, so viel ist sicher.

Wenn du dich gedanklich mit deinen Gesprächspartnern in dasselbe Boot setzt, kannst du ihnen leichter vertrauen. Wenn es die Situation zulässt, kannst du dich ihnen auch anvertrauen: »Wie Sie vielleicht merken können, bin ich sehr aufgeregt. Mein Herz klopft furchtbar schnell, vielleicht kennen Sie das Gefühl. Wenn ich also dreimal von vorne anfange, bitte ich Sie um Geduld.« Damit wird das Lampenfieber verbalisiert, kriegt seinen Platz und kann sich nun leichter beruhigen. Auch ohne es auszusprechen: Wenn ich mein Lampenfieber annehme und als etwas, das zu mir gehört, akzeptiere, kann es beweglich werden, sich verändern und auflösen. Unangenehmes schieben wir gerne weg, es soll einfach nicht da sein, es wird ignoriert – in der Hoffnung, dass es damit verschwindet. Meiner Erfahrung nach verhärtet sich ein Problem dadurch. Umarmen wir es aber, hat es die Chance, weich zu werden, schmiegsam und durchaus liebenswert. Kann ich mein Lampenfieber liebgewinnen? Ich denke schon.

Nachwort

Ich wünsche dir viel Freude beim Ausprobieren deiner Kommunikationsklaviatur, beim Vertraut-Werden und beim vergnügten Spiel mit deinen Möglichkeiten. Danke, dass du mir bis hierher gefolgt bist! Du wirst dich unversehens weiterentwickeln, wachsen und deine Flügel ausbreiten.

Ich hoffe, dir das Tor auf die Spielwiese deiner Kommunikation geöffnet zu haben. Wann immer du sie brauchst – es reicht, das Tor zu öffnen und schon bist du da. Hier sprichst du mit klangvoller Stimme, gehst körpersprachlich bewusst in Dialog und übergibst deine Inhalte, Satz für Satz wie Geschenke an deine Gesprächspartner und -partnerinnen. Du kennst die passende innere Haltung und stellst sie dir bewusst und rechtzeitig zur Verfügung. Du sprichst genussvoll, deutlich und abwechslungsreich. Du gibst deine Hände frei und du erlaubst dir, stimmlich und körpersprachlich deinen Raum einzunehmen. Bitte pflege deine Spielwiese, damit du – fit und wendig im Dialog – sicher in Kontakt gehen kannst. Sicher und stark in dir selbst. Weit, frei und zuversichtlich. In Verbindung zur Außenwelt über den Atem, deine Stimme und den Körper. Deine Spielwiese – das bist du selbst, mit all deinen Talenten, Ressourcen, deinem Knowhow und: mit deiner strahlenden Lebendigkeit!

Ich hoffe, dir auf dem Weg zu deiner professionellen, selbstsicheren und überzeugenden Kommunikation geholfen zu haben. Wenn du Fragen hast, besuche mich in meinem Sprechatelier, ich würde mich freuen, dich kennenzulernen!

Quellen- und Literaturverzeichnis

Meine inspirierendste Quelle sind Menschen. Am meisten lerne ich in der Arbeit mit unterschiedlichsten Menschen, die aus den denkbar verschiedensten Branchen und mit vielfältigen Anliegen zu mir ins Sprechatelier Mondscheingasse kommen. Am meisten habe ich durchs Tun gelernt! Gemeinsam mit anderen Menschen und auch allein: Was ich durch Arbeit an Atem, Stimme und Körpersprache in und an mir selbst entdeckt habe, was ich erprobt und im Dialog überprüft habe, kann ich an andere weitergeben.

Hier eine Liste von Literatur, die meine Arbeit beeinflusst und bereichert hat:

Amon, Ingrid (2016): Die Macht der Stimme. Mehr Persönlichkeit durch Klang, Volumen und Dynamik. REDLINE

Ashwell, Ken (2019): Das Gehirn. Das Gehirn und die psychische Gesundheit. Librero

Bernhard, Barbara Maria (2003): Sprechen im Beruf. ÖBV Pädagogischer Verlag

Bernhard, Barbara Maria (2014): Sprechtraining für Schauspieler: Ein Übungsprogramm für Körper, Stimme und Gehör. Henschel Verlag

Birkenbihl, Vera F.: Signale des Körpers. Körpersprache verstehen. mvg

Coblenzer, Horst (1999): Erfolgreich sprechen: Fehler und wie man sie vermeidet. ÖBV Pädagogischer Verlag

Coblenzer, Horst/Muhar, Franz (1993): Atem und Stimme. ÖBV Pädagogischer Verlag

Ekman, Paul (2016): Gefühle lesen. Wie Sie Emotionen erkennen und richtig interpretieren. Springer Berlin

Faller, Norbert (2018): Atem und Bewegung. Theorie und 111 Übungen. Springer Berlin

Feldenkrais, Moshé (1996): Bewusstheit durch Bewegung. Der aufrechte Gang. Suhrkamp

Fischbacher, Arno (2013): Geheimer Verführer Stimme. Erfolgsfaktor Stimme. 77 Antworten zur unbewussten Macht in der Kommunikation. Soft Skills Kompakt, Junfermann Verlag

Fischbacher, Arno: Stimmtipp – Was macht eine gute Vortragsstimme aus? arno.fischbacher.com

Höller-Zangenfeind, Maria (2017): Stimme von Fuß bis Kopf, Ein Lehr- und Übungsbuch für Atmung und Stimme nach der Methode Atem-Tonus-Ton. Studienverlag

Mahkorn, Déidre (2015): Was hilft bei Lampenfieber und Prüfungsangst? Interview Planet Wissen, https://www.youtube.com/watch?v=4yS6CobV-_M – abgerufen 08. 06. 2021

Middendorf, Ilse (1985): Der erfahrbare Atem. Eine Atemlehre. Jungfermann Verlag

Middendorf, Ilse (1998): Der erfahrbare Atem in seiner Substanz. Jungfermann Verlag

Molcho, Samy (2006): ABC der Körpersprache. Ariston

Molcho, Samy (2013): Körpersprache. Goldmann

Morris, Desmond (1996): Körpersignale. Vom Scheitel bis zum Kinn. Heyne

Pawlowski, Klaus (2015): Du hast gut reden. Ein Spiel- und Trainingsbuch zur praktischen Rhetorik. Ernst Reinhardt Verlag

Pease, Allan & Barbara (2004): Die kalte Schulter und der warme Händedruck. Ganz natürliche Erklärungen für die geheime Sprache unseres Körpers. Ullstein

Philipp, Norbert (2020): Wir reden, noch. Die Kultur des Gesprächs in der digitalen Ära. Braumüller Verlag

Radtke, Rainer (2020): 21. 12. 2020, Statistiken zu Schönheitsoperationen. Statista Deutschland. https://de.statista.com/themen/1058/schoenheitsoperationen/ – abgerufen am 08. 06. 2021

Richter, Bernhard (2014): Die Stimme. Grundlagen, künstlerische Praxis, Gesunderhaltung. Henschel Verlag in E. A.

Richter, Bernhard/Echternach, Matthias/Traser, Louisa/Burdumy, Michael/Spahn, Claudia (2017): Die Stimme/The Voice. Einblicke in die physiologischen Vorgänge beim Singen und Sprechen. Physiological Insights for Players of Wind Instruments. Helbling Verlag

Rubi-Klein, Katharina: persönliches Interview in ihrer Ordination

Salin, Sarah (2011): Schöne Menschen sind klar im Vorteil. Welt online. https://www.welt.de/gesundheit/psychologie/article13418959/Schoene-Menschen-sind-klar-im-Vorteil.html – abgerufen 08. 06. 2021

Täuber, Marcus: persönliches Interview im Sprechatelier Mondscheingasse; Gedanken als Medizin; Gewinner grübeln nicht; Alles reine Kopfsache, Das Mühelosigkeitsprinzip; Falsch gedacht. Goldegg Verlag

Verra, Stefan (2011): Die Macht der Körpersprache im Verkauf. Überzeugend und mitreißend kommunizieren. Stefan Verra GmbH

Verra, Stefan (2015): Hey, dein Körper spricht! Worum es bei Körpersprache wirklich geht. Edel Books

Im Buch verwendete Texte:
Kobayashi Yataro, Haiku: Sogar mein Schatten …
Frantz Wittkamp: Reimreise
Christian Morgenstern: Drei Spatzen
Joachim Ringelnatz: Bumerang

Lösung des Rätsels von Seite 120 für alle Mathe-Begeisterten: Das Bolguru kattelkelt, die Schnole glottert, das Klatterdei schnögert und der Feibilus flübbert.